5分钟爆笑 开国皇帝

历史的囚徒 ◎ 著

秦始皇篇

北京联合出版公司
Beijing United Publishing Co.,Ltd.

图书在版编目（CIP）数据

5分钟爆笑开国皇帝.秦始皇篇/历史的囚徒著.
北京：北京联合出版公司，2025.6.－－ ISBN 978-7
-5596-8473-8

Ⅰ.K827=2

中国国家版本馆 CIP 数据核字第 20252RG043 号

5分钟爆笑开国皇帝.秦始皇篇

作　　者：历史的囚徒
出 品 人：赵红仕
产品经理：万逸弋
责任编辑：牛炜征
封面设计：仙　境
内文插图：耍　八
版式设计：张　敏
责任编审：赵　娜

北京联合出版公司出版
（北京市西城区德外大街83号楼9层　100088）
北京华景时代文化传媒有限公司发行
北京文昌阁彩色印刷有限责任公司印刷　　新华书店经销
字数94千字　　　880毫米×1230毫米　　1/32　　6印张
2025年6月第1版　　2025年6月第1次印刷
ISBN 978-7-5596-8473-8
定价：49.80元

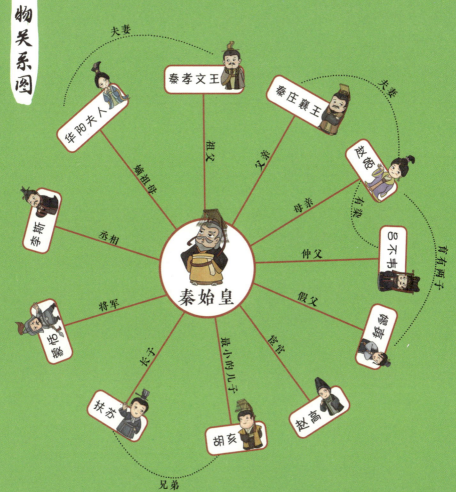

秦始皇与其他人物关系图

秦孝文王
华阳夫人
秦庄襄王
赵姬
李斯
吕不韦
蒙恬
嫪毐
秦始皇
扶苏
胡亥
赵高

夫妻　祖父　父亲　夫妻　母亲　有染　仲父　假父　宠臣　最小的儿子　长子　将军　丞相　嫡祖母　育有两子　兄弟

嬴政：坚强的灵魂

1

公元前 259 年，不平凡的人——秦始皇嬴政，这位即将改写华夏命运的巨擘，悄然降生。

他的到来，仿佛是宇宙间一次微妙的调整，预示着旧秩序的瓦解与新纪元的曙光。

嬴政的童年，是在权力的阴影与宫廷的诡谲中度过的，这些看似冰冷的磨砺，实则为他锻造了一颗既坚强又深邃的灵魂，让他学会了在人性与权力的交织中，寻找那条属于自己的"道"，那是对生命本质、宇宙真理的不懈探索。

他是多疑的、铁血的，也是喜爱探索的。他以青年的英姿，踏上统一六国的征途，这不仅仅是一场关于领土的争夺之

战，更是一次对人性、历史规律与宇宙秩序的深刻洞察。

2

秦始皇，这位历史的巨匠，以智慧做笔，以勇气为墨，书写了一部关于统一与融合的壮丽史诗。

他深知，真正的统一并非简单的疆域合并，而是人心的归一、文化的交融，是让万千河流汇聚成海。

于是，"书同文，车同轨"成了他心中的"理想国"蓝图，他以近乎苛刻的方式推行。让文字统一，让车轨相同，这背后是对和谐共生、天下大同的深切向往。

然而，权力的巅峰，往往是人性的试炼场，是对"得与失""成与败"的终极考问。

秦始皇的"焚书坑儒"，如同文化的寒冬，让智慧的火花在寒风中摇曳，几近熄灭。这一行为，不仅是对知识的践踏，更是对人性的摧残。

他滥用民力修筑长城和规模巨大的阿房宫，使生活本来就不太安定的人民怨声载道。他曾设想秦朝要传世世代代，却没想到二世即亡，殊不知这是历史的必然。

3

秦始皇的一生，是梦想与现实交织的壮丽画卷，是辉煌与遗憾并存的深沉诗篇。他以一己之力，推动了历史的巨轮滚滚向前，却也因对权力的过度痴迷，让这片土地承受了难以言喻的伤痛。

秦始皇的故事，是对"统一"与"自由"之间微妙关系的深刻剖析，是对"人性"与"权力"之间永恒矛盾的哲学思考，更是对"得与失""成与败"的深刻体悟。

他告诉我们，统一的力量能够凝聚人心，推动社会进步，但过度的集权与束缚，就会扼杀创新与活力，让文明陷入僵化的泥潭。真正的智慧，在于如何在权力的框架下，为思想的自

由留出天空，让文明的河流在统一的引领下，既保持奔腾的活力，又不失和谐的韵律，实现"和而不同"的至高境界。

秦始皇已逝去两千多年，而长城还静静地矗立在那里，一直无言，还有那座神秘的巨陵，一直吸引着人们的眼球。从古至今，他一直顽强地停留在"热搜榜"上。

很多事情，即使一个人的灵魂和意志再坚强，也很无奈，比如人类的寿命、人心的向背。在后人制造的穿越时间的热点和话题方面，秦始皇从未输给任何一个历史人物。

目录

1

Part **1**

历史选择了嬴政

秦穆公

秦孝公

秦昭襄王

秦孝文王

<

 秦始皇嬴政　 秦孝公　 秦庄襄王　 华阳夫人　 吕不韦　 赵姬

 蒙恬　 秦昭襄王　 扶苏　 胡亥　 秦穆公　 李斯

 嫪毐　 韩非　 秦孝文王　 王翦　 赵高　 燕太子丹

 田光　 高渐离　 石虎　 陈胜　 吴广　 鞠武

 秦舞阳　 荆轲　 赵王　 楚王　 匈奴王　 ＋

查看更多群成员 >

群聊名称	哪个统一称霸？ >
群二维码	>
群公告	>
备注	>
查找聊天内容	>
消息免打扰	

秦国崛起的过程，是一部跌宕起伏、扣人心弦的大戏。

　　秦国是个活脱脱的"戏精"，几百年间，一会儿上天，一会儿入地。让人看得目瞪口呆，时而哭笑，时而叹息。

　　但话说回来，没有它这出好戏，咱们国家的历史岂不是要乏味多了？

　　这部超长大戏的主角，就是秦始皇。

　　要讲述他的故事，必须先讲其祖先们的奋斗历程，那是他的来路。

　　嬴政继承的秦国，不是天上掉下来的馅饼，也不是凭空而起的万丈高楼。

　　秦国的崛起，是历代祖先奋斗的结果。

　　据《史记·秦本纪》记载，秦人的祖先可以追溯到颛顼（zhuān xū），他的孙女名叫女修，女修生了个儿子叫大业。

大业的后代逐渐发展壮大，后来他以"秦"为号，称为"秦嬴"。

秦人的拿手绝活儿是养马，堪称"天下一流"。

靠着这个手艺，周朝第八任天子周孝王给他们封了地盘，从此走上历史舞台。

《诗经·秦风·无衣》这一首诗，是专门描写秦人军旅生活的：

"岂曰无衣？与子同袍。王于兴师，修我戈矛，与子同仇……"

秦国这匹"黑马"，心里藏着远大的理想，可谓活力四射，为了发展壮大，到处"惹是生非"。

就是这股不服输的劲儿，让秦国逐渐崭露头角。

这里不得不提秦国的地理位置，它位于中国西北角的陕西、甘肃等地，那可是个天然的资源"宝库"。

黄土高原的肥沃土地，让秦国人民吃得饱、穿得暖；黄河的滚滚水流，则为秦国提供了源源不断的水资源。

大自然如此厚爱秦国，秦国人民自然倍加珍惜。

他们努力耕耘，让那片土地焕发出勃勃生机。

秦人可不仅仅满足于吃饱穿暖，他们还是一群"学霸中的战斗机"。

秦国推行法家思想，国家被治理得井井有条。

军队更是训练有素，经常打得对手满地找牙，让人闻风丧胆。

除了地理优势和军事实力，秦人还是"文化小达人"。

虽然地处西北，但秦人善于吸收周边地区的文化精华，他们就像"文化吃货"，什么都想尝尝。

这样一来，秦国的文化就变得丰富多彩，既有北方的粗犷豪放，又有南方的细腻温婉。

在这样的背景下，秦国开始了它的"逆袭之路"。

著名的秦穆公（？—前621年），可谓霸气外露。

他率领秦国军队西征东讨，把西戎收拾得服服帖帖，一跃成为"春秋五霸"之一。

 小知识：春秋五霸

春秋五霸是指春秋时期最强大的五个诸侯国的领袖，一般认为是齐桓公、宋襄公、晋文公、秦穆公和楚庄王。也有说法认为是齐桓公、晋文公、楚庄王、吴王阖闾、越王勾践。

那时候的秦国，风光无限，是众人瞩目的焦点。

可惜好景不长，战国初期，秦国又陷入低谷，就像是被霜打的茄子一样蔫儿了吧唧的。

这时候秦国又出现一个猛人，这个人就是秦孝公。

他就像个"神医"一样，给秦国来了个"大换血"。

在他的大力支持下，商鞅得以推行变法。

商鞅变法使秦国从"弱鸟"变成"雄鹰"。

变法中推行的军爵制度和废除井田制等措施，让秦国的军队变得更加强大，经济也得到了飞速发展。

那场改革，堪称古代中国最重大、最成功的一次改革。

虽然商老师最终被车裂，但改革的成果总算是留下了，秦国 PLUS 横空出世。

从此秦国就像开了挂一样，一路狂飙，成为战国后期的超级大国。那势头，简直比火箭升天还猛。

秦国不仅有改革强人，还有外交奇才和战神。

"外交达人"范雎（jū）功不可没。这个人是玩转六国的高手，他的得意之作是"远交近攻"。

秦国最出色的"战神"名叫白起，他靠严格的治军和高远的谋略，取得了一场又一场胜利。

比如在长平之战中，老白一出手就把赵国军队打得落花流水。

据粗略统计，仅白起的军队就消灭了近百万敌人。

……

即便如此，秦国也只是赢得了诸侯们的仰视而已，距离成为天下霸主还有几十条街。

用了一定篇幅介绍秦国的历史和传统，接下来，秦始皇准备出场了。

这里还要介绍一下他的祖父和父亲。

秦始皇的祖父是秦孝文王嬴柱，他热爱文化，喜欢修缮古籍、整理乐章，对秦国的文化发展做出了不小的贡献。

由于秦昭襄王长寿（在位长达 56 年），嬴柱年过半百才当上国君。

在位仅三天，他就去世了。

虽然在位时间极短，但秦孝文王的影响力却是不容忽

视的。

一方面，他作为储君长达53年，长期处于权力中心却未引发政变，客观上维系了政局稳定；默许在吕不韦的运作下，支持其子异人（后来的秦庄襄王）被确立为继承人，间接巩固了嬴姓宗室的统治。

另一方面，尽管秦孝文王猝然离世未及施政，但秦国成熟的官僚体系自主运作，避免了政权真空期的动荡，为秦昭襄王时期积累的强国优势延续至秦始皇时代提供了制度保障。

秦始皇的父亲是秦庄襄王，他本名嬴异人。他的故事非常戏剧化。

总体来说，是个落魄王孙的逆袭故事。

嬴异人早年被送去赵国当人质，过着颠沛流离的生活。

为什么选他？按司马迁的说法，他是非嫡子孙，犹如树木的旁枝。

他名义上是大国王子，但出门连坐车都困难，还随时可能丢掉性命。

可以想象他内心是多么崩溃。

身处逆境，好在他并没有放弃对美好生活的追求和对祖国的忠诚。

人生的机遇，总是悄悄地到来。

某天，他在街上闲逛，突然看到一个穿金戴银的大商人，那个人自称吕不韦。

吕土豪一看到这位落魄王子，眼睛都亮了。

他心想，大生意来了。

两人一拍即合，开始实施他们的"回秦夺位"大计。

吕不韦的智慧和眼光，一直都被历史低估（后面会有专章介绍）。

总之，在他的一手策划下，嬴异人回到了秦国，改名为"嬴子楚"，且被立为太子。

他那生于赵国的儿子嬴政，后来也被接回秦国。

秦庄襄王在位没几年，就薨逝了。

接下来的世界，是天生的霸主、"超级富二代"嬴政的。

他成为大秦的国君，虽看起来毫不费力，但这建立在其父亲大费周折奠定的基础之上。

★★ 脑洞大开 ★★

哪个统一称霸？(259)

 秦庄襄王

这群名，霸气！

秦始皇嬴政

大家来说说，为什么最终胜出的是秦人？

 秦孝公

还不是因为咱的执拗脾气！

 秦昭襄王

就是，谁坐天下不是坐，为啥不能是我们？

 秦庄襄王

无比骄傲

 一句话小总结

秦人之所以最终统一天下，跟他们刚毅和不言放弃的性格是分不开的。

13

哪个统一称霸？(259)

秦始皇嬴政

> 谢谢列位祖宗，那咱能够逆袭的关键是啥？

 秦昭襄王

> 那当然是寡人力推的"远交近攻"！

 秦孝公

> 那当然是寡人大力支持的商鞅变法！

 秦昭襄王

> 外交和内政固然很重要，但是也得能打，看看白起将军……

 秦穆公

> 说到能打，谁能比得上寡人收服西戎那会儿……

秦始皇嬴政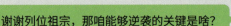

> 怎么还争起来了？

14

哪个统一称霸？(259)

秦始皇赢政

列位的功绩，都不可磨灭！

秦始皇赢政

发现大佬

 一句话小总结

秦国能够崛起，是历代君主共同努力的结果。

哪个统一称霸？(259)

 秦孝文王

对打打杀杀的事情，寡人怎么不感兴趣？

秦庄襄王

父王不是一向喜欢轻松愉悦的生活吗？

15

秦孝文王

要做一个有幽默感的人!

秦始皇嬴政

为什么我身上没有幽默细胞?

秦孝文王

唉,孩子,你活得太沉重了!

秦庄襄王

这娃太苦了!在赵国没少遭罪。

 一句话小总结

吃得苦中苦,方为人上人。不是苦难成就了嬴政,是在苦难中炼就的坚韧不拔的毅力成就了千古一帝。

16

Part 2

质子"弃儿"：
用一生治愈童年

秦庄襄王

吕不韦

华阳夫人

赵姬

聊天信息（250）

<

 秦始皇嬴政
 秦孝公
 秦庄襄王
 华阳夫人
 吕不韦
 赵姬

 蒙恬
 秦昭襄王
 扶苏
 胡亥
 秦穆公
 李斯

 嫪毐
 韩非
 秦孝文王
 王翦
 赵高
 燕太子丹

 田光
 高渐离
 石虎
 陈胜
 吴广
 鞠武

 秦舞阳
 荆轲
 赵王
 楚王
 匈奴王

查看更多群成员 >

群聊名称	寡人没有童年 >
群二维码	>
群公告	>
备注	>
查找聊天内容	>
消息免打扰	

大概在嬴政出生前十多年，因为地盘问题，秦国和赵国一言不合就掐架。

当时的秦国，"霸主相"已经呼之欲出，意图统一中原。

而"一把手"秦昭襄王，早年曾在燕国做质子，后来是铁血统治者，几乎是秦始皇的预演版。

当时，秦昭襄王的野心完全控制不住。

就是他，一手策划了震古烁今的长平之战。

小知识：长平之战

发生于公元前 260 年，地点在赵国的长平（今山西省晋城高平市西北）。此战是中国古代军事史上最早、规模最大、最彻底的大型歼灭战。秦将白起以长平城为依托，构筑起长达 18 千米的主阵地，运用兵力、地形和战术，出奇制胜，取得重大胜利。此战对赵国造成了毁灭性的打击，使其元气大伤，极大地加速了秦国统一六国的进程。

消息传到秦国，举国振奋。而战败的赵国人当然很沮丧，也很愤怒。

作为秦国派往赵国的质子，异人差点被吓死。

电影《封神》里的质子军团，个个拥有油光锃亮的腱子肉。而秦国质子异人，不但没有胸肌，而且既怂又菜还胆小。

春秋时代的君王还比较讲仁义，到了战国时间，大家只习惯谈生意，根本没人在乎一个"筹码"的死活——我若违约，您觉得不舒服，那就撕票吧！谢谢，遗体也不要了。

长平之战是赵国立国以来遭遇的最大惨败。

憋屈的赵国人，很自然地把气撒到秦国质子头上。

那些在战争中失去亲属的赵国人自发组织起来，磨刀霍霍冲向"政治抵押品"异人。

每天都要躲避闷棍和板砖，异人越来越害怕，也越来越焦虑。

其实更焦虑的人，还是吕不韦。

在吕不韦眼中，异人压根儿就不是"人"，而是一件无价的"珍宝"。

在高价卖出之前，他必须得保证自己的"货"不能有一丝一毫的损伤。

为了帮助异人逃命，吕不韦不惜"大出血"，拿出整整600斤黄金，搞定了看管异人的守卫。

为了异人，吕不韦可谓冒着破产的风险。

他之所以那么坚定，是因为他相信自己的眼光。

他与父亲有一段著名的对话。

吕父：你花那么多钱帮一个落魄王子干啥？

吕不韦：耕田之利几倍？

吕父：十倍。

吕不韦：那珠玉之赢几倍？

吕父：百倍。

吕不韦：最后一个问题，立主定国几倍？

吕父：无数。

吕不韦：那不就行了。

不得不说，吕不韦看得很长远。

在某个月黑风高之夜，异人得以侥幸逃脱——他成功混进秦军兵营，跟着大部队回到了秦国。

为了缩小目标，异人此次潜逃，不但抛下了老婆赵姬，还丢下自己年幼的儿子嬴政。

出发之前,异人忽悠赵姬说:我过两天就回来接你。

结果,赵姬一等就是六年多。

公元前 251 年,赵姬和嬴政才被接回秦国。

嬴政被送回秦国时,也不过刚刚 9 岁。放眼四周,除了母亲,他几乎没有一个可以信任的人。信任的严重缺失,强烈的不安全感,令他过早地成熟起来。

幼年被作为"质子"的父亲丢在赵国,处境极其危险,这对嬴政的心理状态、性格发展有非常大的影响。

他日后的统治风格,也要从他的童年时代溯源。

悲惨的童年经历,他不得不用一生去治愈。

嬴政的童年阴影,具体有哪些呢?

首先,他被丢在赵国期间,不仅物资匮乏,生活艰苦,更在精神上承受了巨大压力。

他时刻处于赵国王室和其他贵族的监视之下,一举一动都可能引起他们的猜疑和不满。

这种被束缚和监视的感觉,让秦始皇在童年时期就体验到了权力的无情和残酷。

其次，他在赵国的生活充满了孤独和恐惧。

由于身份特殊，他无法与当地的孩子们一起玩耍，也没有真正的朋友。

但正因为那段弃子生涯，嬴政得到了全方位的锤炼，心灵从弱小到强大，从隐忍到决绝。

想象一下，一个不到 10 岁的孩童，被迫生活在异国——一个充满威胁和不确定性的环境中。

那种长期的压力，使他逐渐形成强烈的自我保护意识和警惕心理。

最典型的，就是多疑和猜忌，总觉得有人要害自己。

时间一长，就演变成了一种精神症状。

后来在他的统治中，这种精神症状也有充分体现。

他往往对身边的人保持高度警惕，对任何潜在的威胁，哪怕只是一丁点儿，都要采取果断残酷的打压措施。

是的，漂泊在赵国的生涯使嬴政变得冷酷无情。

一切决策和行动背后，都深藏着复杂心理和精神动机。

嬴政，这位日后的一代雄主，学会了压抑个人情感，以应对外部的压力和威胁。

因为一个人只要有情感，就会有弱点，就容易被人拿捏。

你小时候有被抛弃在危险的地方的经历吗？没有就不要质疑。

微臣也赞成以酷法治国，但有时候似乎过于严苛了吧？

实现大一统的霸主，对权力都有着近乎变态的迷恋。

秦始皇也是。

漂泊无依的生涯让秦始皇深刻认识到权力的重要性——没有权力，就意味着没有安全，没有尊严。

因此，他对权力极度渴望。

这种渴望，不仅体现在他对秦国最高权力的追求上，还体现在他对国家事务的严格控制上。

他希望通过掌握权力来确保自己的安全和地位，同时也希望通过控制国家事务来实现自己的政治理想，更希望通过长生

不老来延续自己的统治。

　　这种对权力的渴望和控制欲，导致他走向极端。

　　大家都知道，秦二世而亡，就是因为暴政。

　　而这种暴政的源头，就在于秦始皇的严刑酷法，以及对权力的过度追求。

　　因为暴政，社会矛盾进一步被激化。

秦始皇嬴政
谁能帮我长生不老？

扶苏：父皇真的相信世界上有不死仙丹？

秦始皇嬴政 回复 扶苏：找不到，不代表没有！

扶苏：长生就那么好？

秦始皇嬴政 回复 扶苏：大秦不能没有我。

★★ 脑洞大开 ★★

寡人没有童年（250）

异人

老吕，我继承大统的可能性有多大？

吕不韦

你父王有 20 多个儿子，你不是长子，又远在赵国做质子，你说有多大可能性？

异人

我现在不是有你帮忙吗？

吕不韦

那现在至少有 80% 的可能性。

异人

楼上高见

一句话小总结

异人能上位，全凭精明商人吕不韦的运作。

寡人没有童年（250）

 华阳夫人

我是楚国人，你要过继成为我儿子，必须以"楚"为名！

 异人

没问题，都听母亲的！

 华阳夫人

真乖，这么听话！

 子楚

母亲你看，我的名字已经改了！

 子楚

另外，阿政那孩子想见一下母亲。

 华阳夫人

我最喜欢孩子了！！！

 华阳夫人

 安排

 一句话小总结

华阳夫人是异人崛起的关键，而后来的嬴政也是顺着这条捷径上位的。

---------------- 微信对话继续 ----------------

寡人没有童年（250）

 赵姬
> @秦王嬴政 孩子改下群名吧，看了心痛！

秦王嬴政
> 难道我说错了吗？我就是没有童年！

 吕不韦
> 没有那段不堪往事，大王能变得这么坚定、这么富有智慧吗？

秦王嬴政
> 这么说，我还得感谢那段灰暗的日子？

 吕不韦
> 恐怕是这样！

30

 一句话小总结

秦始皇之所以早慧、铁血，跟童年时就被扔在异国他乡有直接关系。

Part 3

斗法吕不韦

吕不韦 嫪毐 赵姬 赵高

秦始皇嬴政
 秦孝公
 秦庄襄王
 华阳夫人
 吕不韦
 赵姬

 蒙恬
 秦昭襄王
 扶苏
 胡亥
 秦穆公
 李斯

嫪毐
 韩非
秦孝文王
 王翦
赵高
燕太子丹

 田光
高渐离
石虎
 陈胜
 吴广
 鞠武

 秦舞阳
 荆轲
 赵王
楚王
 匈奴王
 +

查看更多群成员 >

群聊名称　　　　　　神挡杀神，鬼挡杀鬼 >

群二维码　　　　　　　　　　　　　　 >

群公告　　　　　　　　　　　　　　　 >

备注　　　　　　　　　　　　　　　　 >

查找聊天内容　　　　　　　　　　　　 >

消息免打扰

公元前 247 年，秦庄襄王驾崩。

就这样，治理秦国的重担被扔给一个 13 岁的小孩——嬴政，也就是后来大家熟知的秦始皇。

这小孩，长得"高鼻长目，身形矫健，声音低沉如豺狼"，一看就不是吃素的主儿。他往那儿一站，活脱脱一个小大人儿。同龄的小孩见了他，估计都得绕道走。

可话说回来，嬴政心里也犯嘀咕。

他才 13 岁，放现在也就是个初中生，可他却得管理一个泱泱大国。

这秦国的局面，可比他家后院那堆乱麻难理。

少年嬴政的第一个帮手，也是第一个对手，就是吕不韦。

那可是个老江湖，在秦国混得风生水起，可谓权倾天下。

秦庄襄王算是兑现了他的承诺，若得天下，与吕公共治。

嬴政心里跟明镜儿似的，知道自己现在还不是吕叔的对手，得想个法子先稳住他。

于是嬴政就使出了一招"尊奉大法"——他把吕不韦捧得高高的，叫他"仲父"，把秦国的政务都交给他去打理。

他躲在吕不韦身后，一边啃着鸡腿，一边偷师学艺。

他心里的小算盘打得啪啪响：等我学成后，看我怎么收拾你！

就这样，嬴政开始了他的"帝王养成计划"。

他像一只刚刚长出羽毛的小雏鹰，躲在吕不韦这棵大树下，悄悄地观察、学习。

他知道，总有一天自己会展翅高飞，将秦国的一切都牢牢

地掌握在自己手中。

一定的！

嬴政没想到的是，老妈赵姬和吕不韦竟然搞起了"地下情"。

说好的王室尊严，怎么一眨眼就变成了家庭狗血剧？

一开始他只是心里犯嘀咕，但谁知道一不留神，这嘀咕就变成了板上钉钉的事实。

想想看吧，堂堂大秦的丞相跟自己的老妈打得火热，进出

秦国王宫比回自己家还勤快。

甚至有传言，说嬴政本来就是吕不韦的儿子，应该叫"吕政"。

这让嬴政情何以堪？简直就像是吃了一只苍蝇，吐不出来又咽不下去。

这股恶心劲儿一上来，嬴政就对吕不韦起了杀心。

这杀心就像一粒种子，在嬴政心里生根发芽，越长越壮。

但事实证明，姜还是老的辣。

嬴政这个小伙子，虽然一肚子火，但还是嫩了点儿，根本斗不过老谋深算的吕不韦。

吕不韦不仅钱多手段狠，野心还大得吓人。

他学着战国四公子那一套，把天下志士都笼络到自己门下，门客多得跟蚂蚁一样。

那些人吃饱了没事干，就写写文章，最后还搞出了个《吕氏春秋》。

这是要抢文化人的饭碗啊！

为了验证自己的权威，吕不韦还公布《吕氏春秋》，让人挑错，挑出一个错，直接重赏。

结果很长时间过去，没人敢挑出一个错。

试问，刀架在脖子上，谁还敢挑错？

不过，吕不韦也不是傻子，他懂得"风险投资"得有个度。

所以他一边捞钱捞权，一边还不忘给自己留条后路。

 小知识：《吕氏春秋》

《吕氏春秋》是战国末期由秦国丞相吕不韦主持编撰的一部古代百科全书式的传世巨著，又名《吕览》。这部作品集合了众多门客的智慧，内容以道家思想为主，同时吸收了儒、法、墨、名、农、兵、阴阳等各家的思想学说，是一部博大精深的、充满智慧的著作。

吕不韦这个老狐狸，悄悄给太后赵姬送去了一份特别的"礼物"——一个名叫嫪毐（lào ǎi）的假太监。

嫪毐靠着太后的宠爱（"绝爱之"），竟然也学吕不韦招揽门客，在秦国搞得风生水起。

其门客数量直线上升，一度达到了惊人的千人规模。

这可把年轻的嬴政给愁坏了，在他面前可是两个"巨无霸"：一个是老奸巨猾的吕不韦集团，另一个则是"新晋土豪"嫪毐的太后集团。

这两个对手，简直就是他人生中的两座大山，压得他喘不过气来。

不过嬴政也是个怪才，他似乎天生就善于面对危机。

与吕不韦的狡猾老辣相比，"新贵"嫪毐就显得有些"蠢萌"了。

于是，嬴政毫不犹豫地把矛头对准了这个嫩角色。

公元前238年，嬴政迎来了他的21岁生日。

按照秦国的祖制，这意味着他终于长大，可以亲自执掌秦国的大权了。

这也意味着，嫪毐和吕不韦这两位权臣得乖乖交出手中的权力。

这时的嫪毐，跟太后娘娘已经悄悄地生了两个"小嫪毐"。

但他也心知肚明，这事儿要是露了馅儿，他可就遭殃了。

想到这里，他决定先下手为强。

他以为自己有太后娘娘撑腰，手下小弟千把人，还有吕不韦在背后悄悄助力，这场战斗简直就是胜券在握啊。

哪知道，嬴政的战斗力，完全超出嫪毐的预想。

21岁的嬴政，早就布置好了三千精兵，等着他们自投罗网。

嫪毐的那群人还没出咸阳城，就被打得落花流水。

嫪毐只好灰溜溜地跑路，但没多久就被抓住，直接押送到嬴政面前。

嬴政一点儿都没手软，直接将嫪毐车裂，还将尸体挂出来

给大家"观赏"。

不少跟嫪毐交往甚密的人，都被流放到蜀地去喝西北风了。

至于两个"小嫪毐"，自然也是不能留的。

嬴政还把母亲赵姬赶出了咸阳城，让她去雍地的萯（bèi）阳宫反省。

摆平吕不韦的小弟嫪毐后，嬴政立马就锁定了下一个目标——除掉吕不韦。

　　吕不韦毕竟陪伴了嬴政整整 8 年，论手段、影响力、智谋，嫪毐跟他比，简直就是小巫见大巫。

　　嬴政以前跟吕不韦过招，无论是暗地里还是明面上，都输得一塌糊涂。

　　但现在不同了，嬴政将国事料理得井井有条，谋略也学了不少，总算是攒够了跟吕不韦叫板的资本。

　　嫪毐的叛乱，对嬴政来说就像是"瞌睡送枕头"，正好给了他一个向吕不韦发难的机会。

　　吕不韦作为这桩丑闻的幕后黑手和实际操作人，责任无可推卸。

　　嬴政果断地撸掉了吕不韦的相职，然后静观其变。

吕不韦手下的那些食客，果然开始在朝堂上闹腾，为自己的金主喊冤叫屈。

他们说的那些话，无非就是"吕不韦功劳大""帮了两代王""对秦国文化贡献卓越"之类的陈词滥调。

结论是，这样一个"牛人"，大王可不能杀啊！

那些诸侯国也没闲着，纷纷派出使者来秦国打探消息，表示对吕不韦的遭遇深感关切。

结果，吕不韦以更快的速度，被推往火坑。

一年后，嬴政坐在咸阳宫的龙椅上，琢磨着给吕不韦写点儿什么。

这可不是一般的信，得有点儿分量，得让那个"老狐狸"知道，谁才是秦国的老大。

嬴政命人取来上好的绢帛，亲自捉笔，开始挥洒自如地写了起来。

"嘿，吕老头儿，"嬴政的笔下流露出几分戏谑，"你瞧瞧你对咱大秦的这点儿贡献，是不是觉得特自豪啊？"

"不过话说回来，咱秦国可没亏待你，河南那块肥得流油的地儿都给你了，让你享享清福。10万户人家供你驱使，这待

 秦王嬴政
我要让你看看谁才是大秦的老大!!!

赵高：大王在给谁写信？

秦王嬴政 回复 赵高：大秦的敌人。

赵高：吕公？

秦王嬴政 回复 赵高：对，他活得越久，秦国越没有希望。

46

遇，你说上哪儿找去？"

写到这儿，嬴政顿了顿，似乎想起了什么好玩的事儿，嘴角勾起一抹坏笑。

"哦，对了，还有一事不明，想请教请教吕相，"他继续写道，"仲父这称呼，咋听着那么别扭呢？"

嬴政越写越起劲儿，仿佛看到了吕不韦那张老脸由红转白、由白转青的尴尬表情。

"吕相，寡人也不跟你绕弯子了。您老人家在咸阳待得够久了，是时候换个环境了。

"蜀地那边儿山清水秀、鸟语花香，正适合您老人家养老。赶紧收拾收拾行李，带上您的一家老小过去享享福吧！"

信写完后，嬴政命人快马加鞭，给吕不韦送去。

吕不韦看完信，脸色瞬间变得煞白。

他明白，自己跟嬴政之间再也没有任何缓和的余地了。

只要他还活着一天，嬴政就一天不得安宁。

想到这里，吕不韦不禁悲从中来。他颤抖着手拿起鸩酒，眼中闪过一丝决绝。

罢了罢了，与其这样苟延残喘地活着，不如痛快地去了吧！

于是，他一口气喝下了鸩酒，结束了自己辉煌而又悲剧的一生。

消息传回咸阳宫，嬴政只是淡淡地笑了笑。

至此，秦国两大最具实力的集团——吕氏集团和嫪毐太后集团，都被这位年轻的秦王以雷霆手段迅速扫清。

仲父、假父之乱终结。

★★ 脑洞大开 ★★

神挡杀神，鬼挡杀鬼（238）

 吕不韦

> 称我为仲父，不妥吧？

秦王嬴政

> 全天下当得起这两个字的，除了相国，还有谁？

 赵姬

> 孩子做得对，就算你父亲在世，也会很尊敬你吕叔叔。

秦王嬴政

 赵姬

> 你吕叔叔虽然不是你父亲，却胜似你父亲！

 吕不韦

 一句话小总结

年幼的嬴政面临的第一大对手，便是居功自傲的吕不韦。

秦王嬴政

> 《吕氏春秋》真有那么完美？听说重金之下，仍无人能挑出一处错误。

 吕不韦

> 大王即将征伐天下，又何必争这本小书的书名？

秦王嬴政

呵　　呵

 一句话小总结

吕不韦找很多门客编撰了一部巨著，并以自己的姓氏命名。

秘密行动三人组（3）

 嫪毐

相国可要小心秦王，他迟早会为难我们！

吕不韦

他的翅膀再硬，也休想飞出我的手掌心！

 赵姬

@吕不韦 @嫪毐 阿政跟他的父王完全是两种个性，我都不了解他，你们自求多福吧！

吕不韦

那怎么办？废了他，另立新君？

 嫪毐

这个好，这个好，太后不是还有两个儿子吗？

 赵姬

 赵姬

$$NiO + H_2 \rightleftharpoons Ni + H_2O$$

造镍（孽）啊

 一句话小总结

赢政的飞速成长，让仲父、假父感到巨大的威胁。

Part 4

统一六国

韩非

王翦

赵王

楚王

聊天信息（221）

<

 秦始皇嬴政
 秦孝公
 秦庄襄王
 华阳夫人
 吕不韦
 赵姬

 蒙恬
 秦昭襄王
 扶苏
 胡亥
 秦穆公
 李斯

 嫪毐
 韩非
 秦孝文王
 王翦
 赵高
 燕太子丹

 田光
 高渐离
 石虎
 陈胜
 吴广
 鞠武

 秦舞阳
 荆轲
赵王
楚王
匈奴王
 +

查看更多群成员 >

群聊名称	夷平六国的是谁？ >
群二维码	>
群公告	>
备注	>
查找聊天内容	>
消息免打扰	🟢

在中国古代历史的浩渺长河中，秦始皇的身影犹如一座巍峨的山峰，屹立不倒。

战国时期，中国分裂为七个主要的诸侯国，他们各自为政，互不服气。

 小知识：战国七雄

经过春秋时期的争霸战争，周王朝境内的诸侯国数量大大减少，最终形成七个最强大的诸侯国，分别是：秦国、楚国、齐国、燕国、赵国、魏国、韩国。此外还有越国、巴国、蜀国、宋国、中山国、鲁国、郑国等。七雄之中，后期以秦国国力最强。除秦国以外，其余六国均在崤山以东，故称"山东六国"。

就算是再不思进取的君主，都想留名青史。

那种分裂状态，持续了数百年，导致社会动荡和战争频繁。

所谓天下大势，分久必合。

秦始皇统一六国，开创了中国首个封建王朝——秦朝，彻底打破了贵族子孙们稳固的继承结构。

这一历史事件不仅标志着中国形成高度集权的中央政府，更深刻地影响了中国历史的走向。

这跟秦始皇的威武果敢密切相关。

你说牛不牛？

统一天下，手段很多，但从历史上看，主要是比拳头大小。

这秦始皇，是真懂"要么不打，要打就打他个翻天覆地，打他个鬼哭神号"的道理。

公元前238年，大秦可是面临着六大劲敌，当时的秦王嬴政心里琢磨着，要是真开打，这第一拳往哪儿挥才有效呢？

他把这烫手山芋扔给了手下那帮大臣，想听听他们的意见。

李斯这聪明绝顶的家伙，立马就给出了个主意："大王啊，咱们先拿韩国开刀，给他们来个下马威，让其他国家都瞧瞧，咱们大秦可不是好惹的！"

这话听着挺有道理的，韩国就在秦国东边，地理位置相当重要。

再加上韩国国力相对较弱，这不就是个"软柿子"嘛，不捏白不捏！

可也有人不这么想，反对的声音一个接一个。

有人说："咱们应该先对付赵国，然后再灭韩国，接着让楚、魏两国臣服，最后跟齐、燕两国搞好关系。"

这方案听着也挺像那么回事儿，毕竟这"远交近攻"的策略，是昭襄王时期就开始实施的正确决策。

嬴政一听，心里更犯嘀咕了。两种方案各有千秋，到底该听谁的呢？

群臣也是跟不上节奏，差点儿集体晕厥。

这哪里是打仗？简直就是胡闹嘛！

他们甚至开始怀疑：这君王是不是太年轻了，到底懂不懂战争？

历史教训那可是很深刻的。

老嬴家虽然以骁勇善战著称于世，但并不代表他们就没吃过败仗。

想当年（公元前 260 年），嬴政的曾祖父秦昭襄王在位时，秦国通过长平之战把赵国军队打得丢盔卸甲、溃不成军。

战争胜利后，秦昭襄王一高兴，下令全军出动去灭赵国。

结果赵国人民同仇敌忾、奋起抵抗，不但把秦军挡在了邯郸城外，还俘虏了两万秦军精锐。

那可真是，偷鸡不成蚀把米。

还有，公元前 249 年，秦国攻打韩国大获全胜后，设立了"三川郡"。

那时候，秦国的疆界已经直抵魏国都城。

两年后，嬴政他爹派大将蒙骜（áo）去灭魏国。

魏国也不是吃素的，他们联合其他四个国家，搞了个"五国合纵"来对抗秦国。

结果秦兵被打得满地找牙，直接就被人家给赶回了函谷关内。

嬴政这个毛头小子哪儿来的勇气，竟然敢同时向两个国家宣战？

这简直是不知天高地厚。

不过话说回来，这也正是嬴政的过人之处——他敢于冒险、敢于尝试。

秦国有能力一次出动 60 万大军，这足以让任何一个国家胆寒。

然而，如果六国联合起来，秦国的优势将荡然无存。

我们来仔细分析一下。

"战国七雄"中，除了秦国，赵国的实力也不容小觑。

他们公开反对秦国的霸权，要想击败他们，秦军至少需要出动数十万大军。

而楚国作为疆域最大的国家，兵力多达 40 余万，要对付他们，秦国同样需要动用大量的士兵。

以上两个国家，就足以让秦军主力陷入苦战。

对于嬴政来说，灭亡六国的关键，并不在于先打谁，而在于如何成功地孤立他们。

如果按照李斯的建议，先灭韩国，那么其他国家必然会唇亡齿寒，更加紧密地团结在一起。

如果采纳"灭赵存韩"的策略，先灭赵国，虽然可以打破六国的平衡，但风险也同样存在。

因为赵国虽然在长平之战后元气大伤，依然是一股不可小觑的力量。

作为一位战略家，嬴政提出了一个看似荒谬的方案——同时对两边开战，但都不打到底，留有余地。

公元前 236 年，秦国发动了对赵国的进攻，这标志着秦国统一战争的开始。

嬴政对这场战争极为重视，他派出了秦国的顶级战将王翦，率领数十万大军出征。

在攻打赵国的同时，他也没有忘记对韩国施加压力。

公元前230年，内史腾率军攻占韩国都城新郑，俘虏韩王安，秦国灭掉韩国。

此前，嬴政还派人去与楚国进行"亲密接触"。

公元前235年，他发动四郡的兵力南伐楚国。

然而，伐楚的将领辛梧迟迟没有发动进攻，整整6个月都按兵不动。

这显然不是辛梧自己的决定，而是嬴政的旨意。

这位天生的帅才，需要对楚国施加一定的压力，但又不能让他们感到绝望而与其他国家联手。

　　嬴政的这一系列策略，无不显示出他作为一位战略家的深思熟虑和狡猾精明。

　　嬴政威严地站在咸阳宫的玉阶之上。

　　他远眺天边，仿佛已经看到了未来统一的盛景。

　　随着他铿锵有力的一声令下，秦军犹如猛虎下山，直扑弱小的韩国。

　　几年后，赵国在秦军铁蹄的践踏下，变得千疮百孔。

　　朝堂上，武将们兴奋得摩拳擦掌。

　　"大王！"一位满脸络腮胡子的武将大声说道，"赵国已然覆灭，我们何不趁此机会，一举拿下楚国，让那帮人见识见识我秦军的厉害！"

　　嬴政微微一笑，却并未立即回应。

　　他慢慢转过身，看向了文臣之首李斯："李斯，你意下如何？"

　　李斯捋了捋胡须，沉稳地开口："大王，楚国不同于其他国家，地广人多，我们不能贸然行事，必须精心筹划，确保万

无一失。"

赢政听后，点了点头，眼中闪过一丝锋利如刀般的光芒："李斯言之有理。但楚国，我志在必得！"

随后，他大手一挥，豪迈地宣布："传令下去，全国动员，准备与楚国一战！"

公元前 225 年，秦军在李信的率领下，浩浩荡荡地向楚国进发。

然而，楚军并非想象中的那般软弱可欺，他们凭借着坚忍的意志和顽强的抵抗，让秦军陷入了鏖战。

"报——！"一名浑身是血的传令兵跌跌撞撞地冲进了咸阳宫，"大王，前线战况不利，李信将军请求增援！"

赢政闻言，眉头紧锁。他深吸一口气，努力平复内心的波澜："传王翦！"

不久，王翦便带领着 60 万精锐之师，火速驰援前线。

在他的指挥下，秦军重新振作起来，发起了更为猛烈的攻势。

不久，楚国都城被攻破，象征着楚国权力的旗帜轰然倒下。

"楚国亡了！楚国亡了！"胜利的消息传回咸阳宫，整个宫殿都沸腾了起来。

群臣欢呼雀跃，他们知道，这一刻，将永载史册。

嬴政很明白，统一大业又向前迈进了一大步。

接下来，他继续挥舞手中的权杖，直到将整个天下都纳入秦国的版图！

★★ 脑洞大开 ★★

夷平六国的是谁？（221）

韩非

为何第一个收拾韩国？

李斯

别想多了，不是因为你！

韩非

据说秦王之前喜欢上一个韩国女孩，爱而不得……

秦王嬴政

不存在的

秦王嬴政

想多了，就因为韩国离秦国最近。

 一句话小总结

秦国首先攻打韩国是基于其地理位置、政治、军事等多方面的战略考量。

夷平六国的是谁？(221)

 赵王

> 你在赵国待了小 10 年，难道一点儿感情都没有？

秦王嬴政

> 只有仇恨和埋怨！

 赵王

> 那没什么好说的了，放马过来吧！

秦王嬴政

> 是谁给你的勇气，如此刚硬？

 赵王

你不敢跟我正面对抗

一句话小总结

秦始皇在攻陷赵国后，并没有因为个人恩怨而进行大规模的报复性杀戮，他的目标是统一六国，结束战国纷争。

夷平六国的是谁？（221）

 楚王

几百年来，从来没有谁敢轻视楚国！

秦王嬴政

寡人已下令，全面攻楚！

 楚王

仅凭辛梧和李信，就想占便宜？

秦王嬴政

王翦！！！

 王翦

末将在！！！

 王翦

 楚王

一句话小总结

楚王对王翦的军事才能和秦军的攻势感到畏惧。

Part **5**

秦制两千年

秦始皇　　李斯　　赵高　　扶苏

秦始皇嬴政
 秦孝公
 秦庄襄王
 华阳夫人
 吕不韦
 赵姬

 蒙恬
 秦昭襄王
 扶苏
 胡亥
 秦穆公
 李斯

 嫪毐
 韩非
 秦孝文王
 王翦
 赵高
 燕太子丹

 田光
 高渐离
 石虎
 陈胜
 吴广
 鞠武

 秦舞阳
荆轲
赵王
楚王
匈奴王
 +

查看更多群成员 >

群聊名称	就说朕是否伟大 >
群二维码	>
群公告	>
备注	>
查找聊天内容	>
消息免打扰	

统一六国后，整个天下成了嬴政的一件"艺术品"。

要知道，当时的日本列岛，还处于弥生时代，尚未形成统一的国家，尚未出现明确的王权制度。

而欧洲的罗马共和国，正开始迅速扩张。

秦帝国可以说是当时世界上最先进、最强大的国家之一。

这是多么令人骄傲的一件事情！

在自身称谓上，嬴政和群臣进行了激烈的讨论。

大家都认为，过去的三皇五帝，各自统治的地域方圆不过千里。

而现在的秦国，统一了天下，应该有个响亮的称呼。

由于嬴政太想让人记住自己的历史功绩，一般的称谓，根本入不了他的眼。

嬴政真的很有创造性，他果断用了一个影响后世千年的称谓——皇帝。后人皆称他为秦始皇。

 秦始皇嬴政
大家群策群力，快帮忙想想我该叫什么好呢！

丞相王绾：称"大王"如何？

秦始皇嬴政 回复 丞相王绾：都被人用滥了！

御史大夫冯劫："公"呢？

秦始皇嬴政 回复 御史大夫冯劫：毫无想象力！

廷尉李斯：那叫什么合适？

秦始皇嬴政 回复 廷尉李斯：皇帝啊！

74

小知识：**皇帝**

"皇帝"，来自"三皇"之"皇"和"五帝"之"帝"，是一个全新的称号。三皇一般指燧人氏、伏羲氏和神农氏，五帝指黄帝、颛顼、帝喾、尧和舜。这一尊号不仅融合了古代神话传说中最为尊贵的两大元素，更体现了秦始皇对自己功绩的高度认可和自我定位。

秦始皇统一六国后，忙得脚不沾地，不亦乐乎。

他不仅仅满足于一统天下，更要打造一个前所未有的超级大国。

为巩固统治，推动国家发展，秦始皇接连打出组合拳。

那这位千古一帝做了哪些惊天动地的事情呢？

首先，秦始皇觉得天下这么大，得有个统一的管法，也就是建立中央集权制度。

于是，他废除分封制，代之以郡县制。

在秦始皇的主张下，全国的土地被划分成了36块，史称三十六郡。

每个郡的地方长官叫郡守，负责郡内行政。

郡下设有若干县，由县令负责地方行政。

那些郡守和县令，可都是秦始皇的得力干将，谁也别想搞小动作。

这样一来，中央集权得到了极大的加强，全国上下都得听秦始皇的。

秦始皇觉得全国货币和度量衡乱七八糟，没有统一的标准。

于是，他大手一挥，全国上下都得用他规定的货币和度量衡。

这样一来，大家买东西再也不用担心被坑了，公平交易，童叟无欺。

这简直是给老百姓发了个大大的福利啊！

他觉得文字也得统一，于是下令全国上下都得学"秦体"。

这下好了，不管走到哪儿，都能看懂路标和告示，再也不

用担心迷路或者被骗。

　　作为一位专制的统治者，秦始皇推行文化统制政策，严禁私学，规定"以吏为师"。

　　除了这些，他还特别喜欢搞"大工程"。

　　他为了巩固国防，派人征发民夫将秦、赵、燕三国的旧长城予以修缮，连贯为一体。

　　秦始皇的"疯狂"行为，远远不止这些。

　　这大佬在统一了六国之后，觉得自己简直是"战神"附体。为了获取珍贵物资和扩展疆域，秦始皇决定南征。

　　他一看地图，发现南边还有块未开垦的宝地——百越。

　　他心想："这地方怎么能逃出我的手掌心呢？"

　　于是他果断决定南征百越，走起！

　　这可不是小打小闹，秦始皇直接派了几十万大军南下。

　　那场面，简直比好莱坞大片《指环王》系列还要宏大！

　　但别以为百越人民会轻易投降，他们可是擅长水战和山地战，秦军初期并未占上风，反而吃了不少苦头。

　　特别是屠睢带领的西路军，进入百越之后，补给跟不上，天气又热得要命，还要面对百越人的拼命抵抗，简直是"人在囧途"。

据说屠睢有次想偷袭百越人营地，结果被百越人反杀，一代名将就这么"凉"了。

秦始皇看战事推进受阻，气得差点儿跳起来，但他可不是

会轻易放弃的人。

于是他下令开凿了灵渠，解决了补给问题。这就像给秦军打了"鸡血"，让他们战斗力"爆表"。

经过几年的厮杀，秦军终于凭着强大的实力和高明的战术，干倒了百越联军，成功把百越之地纳入国家版图。

继统一六国后，这场战争的胜利让他又添一彩，也为后世南方的发展打下了基础。

更重要的是，这场战争也促进了南北文化的碰撞和交流，让中国历史更加有趣和多元。

南征百越之后，他还派兵北击匈奴，解除了匈奴对中原的威胁。

这些行为不仅扩大了国家的疆域，也加强了中央对边疆地区的控制。

不过话说回来，秦始皇做了那么多大事，手段确实够狠的，对百姓也够残暴的。

结果，百姓怨声载道，这也为日后秦朝的覆灭埋下了伏笔。

秦始皇知道要巩固统治，就必须加强思想控制。

很多人都知道"焚书坑儒"的故事，此手段极端，却在一定程度上产生了正面影响，制止了以古非今，强化了中央权威。

"焚书坑儒"的原因是复杂的，其中涉及多方面的因素。

首先，为了政治上的统一和思想上的控制，秦始皇需要消除来自不同文化和思想的负面影响。

在秦朝初年，百家争鸣的余波仍在，思想领域内极度混乱，而统一思想是国家统一的重要基础。

通过"焚书"，可以消除与秦制不同的法律和规章制度，以及各家学派的思想分歧，从而确立秦制的统一性，加强政府的控制和管理。

其次，秦始皇的个人性格和专制统治方式，也促使他采取了一种极端的措施。

他不喜欢听到不同的声音和意见，认为只有通过强制手段才能推行他的思想和政策。

"坑儒"事件虽然与"焚书"事件性质有所不同，但也在一定程度上反映了秦始皇对于思想控制的重视。

他坑杀的主要是方士，但也可能包括了部分儒生。那些方士或儒生因不满秦始皇的统治或政策而发表异议，从而遭到严酷镇压。

历史上也有很多人认为，秦始皇并没有迫害读书人，他只是被后来的汉朝人妖魔化了。

所有上述措施的实行，奠定了中国两千多年封建社会政治、经济、文化发展的基础。

比这些措施更重要的是，秦始皇让"大一统"的思想深入中国人内心，一直影响至今。

他既要巩固统治，又要推动发展。

虽然他的手段过于严厉，但他的功绩是不可磨灭的。

★★ 脑洞大开 ★★

就说朕是否伟大（221）

 李斯

大王的新称号，简直太帅了！

秦始皇嬴政

还叫大王？

 李斯

皇帝，皇帝，皇帝！

秦始皇嬴政

听着确实顺耳！

秦始皇嬴政

无比骄傲

 一句话小总结

对于自己发明"皇帝"这个新称谓，秦始皇很得意。

就说朕是否伟大 (221)

 赵高

据臣所知，百姓用统一的长度标准、统一的量器、统一的秤、统一的文字，幸福指数直线飙升！

秦始皇嬴政

这才是天下该有的样子！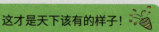

 李斯

六国旧有的钱币怎么处理？

秦始皇嬴政

全部熔掉！

 李斯

不留些做纪念吗？

秦始皇嬴政

怎么，你还想让他们睹物思故国吗？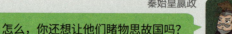

 李斯

不敢！！！

 李斯

84

一句话小总结

秦始皇的统治一向以其果敢和强硬著称。

就说朕是否伟大（221）

秦始皇嬴政

> 今天是个好日子，南方传来战报，战事在将军们的指挥下顺利推进！

 李斯

> 吾皇洪福齐天！

 赵高

> 千秋万代，一统天下！

 扶苏

> 只不过……

秦始皇嬴政

> 怎么？你有话说？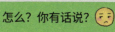

 扶苏

> 民间对焚书，尤其是坑儒，反响不是太好。

就说朕是否伟大 (221)

秦始皇嬴政

他们说啥了?

扶苏

强行达成共识

秦始皇嬴政

没见朕烧的都是异端之书,坑的也是术士之流?

扶苏

儿臣有一种莫名的恐惧……

秦始皇嬴政

做大事就不能犹犹豫豫、叽叽歪歪!

扶苏

一句话小总结

秦始皇的很多政策是好的，但对思想和文化的打压历来为人所诟病。

Part 6

"老鼠"李斯: 建设秦国大"粮仓"

韩非

李斯

赵高

扶苏

秦始皇嬴政
 秦孝公
 秦庄襄王
 华阳夫人
 吕不韦
 赵姬

 蒙恬
 秦昭襄王
 扶苏
 胡亥
 秦穆公
 李斯

 嫪毐
 韩非
 秦孝文王
 王翦
 赵高
 燕太子丹

 田光
 高渐离
 石虎
 陈胜
吴广
鞠武

 秦舞阳
 荆轲
 赵王
 楚王
 匈奴王

+

查看更多群成员 >

群聊名称　　　　　　　　　　　风口上的猪 >

群二维码　　　　　　　　　　　　　　　 >

群公告　　　　　　　　　　　　　　　　 >

备注　　　　　　　　　　　　　　　　　 >

查找聊天内容　　　　　　　　　　　　　 >

消息免打扰

秦始皇的霸业，离不开一个人，那就是当了 29 年丞相的李斯。

甚至可以说，如果不是李斯，秦国统一天下的进程，极有可能会延迟。

那他是怎么获得秦始皇的青睐，并且在秦国呼风唤雨的呢？

李斯的人生，是从一个叫 "老鼠哲学" 的故事开始的。

据史料记载，一次李斯吃坏了肚子，急着上厕所，冷不防低头，看见老鼠甲在吃厕所里的污秽之物。

遇到人或狗来厕所的时候，它都以最快的速度逃离。

等上完厕所，洗干净了手的李斯回到仓库，发现了老鼠乙。

那老鼠乙和厕所里的老鼠甲截然不同，见到人来，不慌不忙，优哉游哉地吃着仓库的粮食，没有人或狗带来的威胁和惊恐。

两种不同的场景，两种不同的人生，让李斯忍不住发出了感慨："人之贤不肖，譬如鼠矣，在所自处耳！"

人无所谓能不能干，大家的智商，其实都差不了太多。

那为什么每个人的结局，会有那么大的差别？

富贵或贫贱，关键在于能否抓住老天给的机会。

而要抓住机会，有一个好的平台是必需的。

李斯是一个善于思考的人。

两只老鼠截然不同的境遇，给了他走出上蔡那个小地方的信心和决心。

为了寻找机会，他先辞去了小吏（掌管文书）之职，去了教学质量第一的齐国，拜著名的儒学大家荀卿为师，学习成功之道。

我也不知道，每个人都有自己的成功。

老师，什么是成功？

荀卿

李斯

读书，李斯是认真的。

虽说他不是荀卿所有弟子里天赋最高的，但绝对是最拼命的那一个。

转眼到了毕业季，面对东方六国抛出的橄榄枝，李斯直接选择去了秦国。

对此，他的老师荀卿很不理解。

齐国、楚国都不错，李斯为何偏偏选择了更为偏远的秦国？

李斯只是一笑，他认为，传统的东方六国，早就开始走下坡路了。

唯独秦国经过商鞅变法后，宛如初升的朝阳，充满了活力。

还有，那个叫嬴政的年轻秦王野心勃勃。

这不正好给了自己立功成名的好机会吗？

事实证明，李斯的眼光是独到的，分析是合理的。

赶到秦国的李斯，受到了秦国丞相吕不韦的礼遇。

尽管只是小吏，但李斯知道，属于自己的机会一定会到来。

机会说来就来。

一次偶然的机会，他碰上了年轻的秦王。

那是他第一次近距离接触秦王嬴政。

恰好，嬴政找他询问，如何才能统一六国。

这让李斯热血沸腾，因为他们的目标是一致的。

下面这番话，几乎是从李斯嘴里脱口而出。

——"一个人想要做大事，要抓住上天给的机会才行。"

——"穆公时秦国很强，可未能完成天下统一的大业，那是因为时机还不够成熟。"

——"孝公后，机会来了，商鞅变法，秦国从衰落走向强

盛，相比之下，东方六国经过多年的厮杀，已经从强大走向了没落。"

　　——"以现在秦国强大的实力，加上大王你过人的能力，君臣上下一心，消灭东方六国，就如同扫除灶上的灰尘那样容易。"

　　——"这样的机会以前没有，以后或许会有，但终究不如现在把握住机会！"

　　这番话既热切，又在理，让嬴政记住了李斯。

　　秦王嬴政听取他的意见，离间各国君臣。

李斯的看法是："诸侯名士可下以财者，厚遗结之；不肯者，利剑刺之"，"离其君臣之计，秦王乃使其良将随其后"。

也就是说，对不同的人，采取不同的对策：或收买，或拉拢，或威胁。

此意见和嬴政的意见也是惊人地一致。

 秦王嬴政
知道为什么我处罚了所有跟吕相走得近的人，只有你例外吗？

李斯：因为我长得帅？
秦王嬴政 回复 李斯：因为你有才。

在解决吕不韦、嫪毐两大拖后腿的内部敌人后，嬴政已经开始筹划人生中最伟大的事业——统一六国。

但如何开头、如何推进，年轻的嬴政还拿不准，只能问计于李斯。

对这个问题，李斯很早就做过谋划。他说，"先取韩，以恐他国"，依次吞并之。

这番话获得了嬴政的高度认可，李斯因献计被提拔为长史。

就在嬴政和李斯准备大干一场时，一场巨大的危机迅速席卷了秦国。

韩国唯恐秦国对自己用兵，特意派遣间谍、著名的水利专家郑国到秦国，鼓动年轻的秦王修建水利工程。

韩国此举，确实有对秦国示好之意。

但其真实目的是，借此耗费秦国的人力、物力、财力，从而打消秦国东进的念头。

这个阴谋很快被嬴政识破了。

一时间，舆论的矛头全指向了来秦国的客卿。

秦国群臣认为，客卿们来自各国，他们的动机是复杂的，也可能是危险的。

解决的方法是，全部驱逐出境。

嬴政顺应秦国人期待，下令驱逐一切外国来客。

职场新人李斯，也在被逐名单之中。

眼看着事业蒸蒸日上，却在紧要关头被人"砍了一刀"，多少让人感到泄气。

但李斯的不同在于，他有一颗不屈的心。

他给嬴政写了一封信，这封信很出名，历史上称作《谏逐客书》。

在这封文笔华丽、感情真挚的长信里，李斯认真做出了分析——秦国之所以强大，完全是因为秦国历代君王都重用客卿。

百里奚、蹇叔、丕豹、公孙支、商鞅、范雎都不是秦国人，但他们都对秦国做出了极大的贡献。

所以客卿并没有对不起秦国，不应该被驱逐。

排外的逐客令，被火速撤销。李斯被封为廷尉。

李斯对嬴政、对后来的秦国产生了巨大的影响，这份影响力，随着秦国的不断发展，越来越大。

就在李斯认为秦国和嬴政离不开自己的时候，意外发

生了。

一个叫韩非的天才，走进了嬴政的视野。

韩非是李斯的同学，平常说话有点儿口吃，但另一个特点

 小知识：韩非

> 韩非，后人尊称其为韩非子，战国末期韩国王族，法家思想集大成者。他主张法治，提出重赏、重罚、重农、重战，为秦国统一六国提供理论基础。韩非口吃不善辩，却文笔犀利，后人将其著作结集为《韩非子》五十五篇，善用寓言，说理透辟，影响深远。受李斯嫉妒，终遭其诬陷死于秦狱。

让他与众不同——非常懂得总结历史经验。

通过学习历代"巨人"的观点，韩非将慎到的"势"、商鞅的"法"、申不害的"术"结合起来，加以实践和发展，形成了一套属于自己的东西。

这套东西叫"尊主安国"，碰巧的是，韩非的这套东西与年轻的嬴政想法高度契合。

没见到韩非的时候，嬴政常对李斯说："我要是能见到此人，和他交往，死而无憾。"

一种强烈的危机感，迅速包围了李斯。

李斯很清楚韩非的能力，他著有《孤愤》《五蠹》《内外储》《说林》《说难》等 10 余万言的文章，才华横溢。

恐怖的是，那还只是一小部分。

如果不加以限制，韩非的影响力将会越来越大。

有这样一个强大的对手，自己很难再左右秦王嬴政的决策。

为此，李斯做出了一个大胆的决定——除掉同学韩非。

他向嬴政建议，除掉韩非这个定时炸弹。

他敢这么建议，是因为嬴政的曾祖父秦昭襄王当年就是这么对待孟尝君的。

但这次秦始皇有些犹豫。

李斯决定自己动手，趁着韩非入狱，他送了一壶毒酒。

韩非接过来，一饮而尽。

韩非虽然死了，但他的名著《韩非子》成了嬴政的床头书。

那本书里写满了为君之道，比如君主应该集权、应该冷酷、应该刚正不阿等。

如果韩非没有死，不知道历史会不会改写。

遗憾的是，历史没有如果。

在秦朝的政治天空中，李斯一度是那颗最耀眼的星。

他推动统一度量衡、统一货币和车同轨、书同文等政策；推动农业发展，支持修建郑国渠，提高了农业产出，使得秦国的大粮仓殷实；主张推行了郡县制，巩固了秦朝的统治。

他凭借智慧与决断力，为秦朝的繁荣稳定立下汗马功劳。

然而，谁承想，这个叱咤风云的人物，最终竟会沦为一场荒诞剧的牺牲品。

赵高巧妙编织了一场李斯谋反的荒诞剧，将这位昔日英雄推上了风口浪尖。

消息一出，满朝哗然。

李斯纵然有千般智慧，也难免感到手足无措。

在赵高的精心策划下，李斯迎来了他的"谢幕演出"——被处以腰斩之刑。

刑场上，李斯或许想以微笑来回应这场荒诞剧，但心中的苦涩与无奈却难以掩饰。

李斯的离世，不仅是他个人的悲剧，更是对那个时代的讽刺。

★★ 脑洞大开 ★★

风口上的猪（29）

秦王嬴政

怎么样，寡人的秦国"大粮仓"？

 李斯

这是微臣能找到的天下最美妙的"粮仓"。

秦王嬴政

没有你的助力，这个"粮仓"没那么快建好。

 李斯

如果没遇到大王，微臣纵有一身本事，又有何用？

秦王嬴政

那你继续努力吧！

 李斯

 一句话小总结

历史上的李斯，是个很善于找到"风口"的人。

- 微信对话继续 -

风口上的猪（29）

秦王嬴政

听说你毒死了老同学韩非？

李斯

大王恕罪！

秦王嬴政

你知不知道，他是我最爱的学问家？

李斯

他人虽然不在了，但他的思想还在，这就够了！

秦王嬴政

然后呢 你想表达什么

李斯

他如果为大王所用，微臣的创造性就会被压制……

秦王嬴政

唉，他如果有你这样的口才，也不会吃那么大亏！

一句话小总结

韩非有口吃的毛病，但并未影响他著作等身，他的智慧给世人留下了宝贵的财富。

-------------------- 李斯和赵高私聊 --------------------

李斯

早知道是这个结局，我当初绝不会同意你伪造诏书。

赵高

怪就怪你儿子李由吧！

李斯

他怎么了？

赵高

他镇压陈胜、吴广叛军不力。

107

李斯

那是你的借口！

赵高

是不是借口，现在由我说了算！

李斯

饶了我吧

 一句话小总结

人生最后时刻，李斯对当初与赵高合作是后悔的。

Part 1

荆轲刺秦王：
抑制不住的杀意

樊於期

荆轲

燕太子丹

高渐离

秦始皇嬴政
 秦孝公
 秦庄襄王
 华阳夫人
 吕不韦
 赵姬

 蒙恬
 秦昭襄王
 扶苏
胡亥
秦穆公
 李斯

嫪毐
韩非
 秦孝文王
王翦
 赵高
 燕太子丹

 田光
高渐离
石虎
陈胜
 吴广
 鞠武

 秦舞阳
 荆轲
 赵王
 楚王
匈奴王
+

聊天信息（227）

<

查看更多群成员 >

群聊名称　　　　　　　　　　士为知己者死 >

群二维码　　　　　　　　　　　　　　>

群公告　　　　　　　　　　　　　　　>

备注　　　　　　　　　　　　　　　　>

查找聊天内容　　　　　　　　　　　　>

消息免打扰

在春秋战国时期，刺客很活跃。

他们是一群特别的人，多半由杀手组成，他们有高超的武艺，不为金钱、不为名利，只为了一句话：士为知己者死。

在这个特殊的群体当中，许多刺客以他们的壮举和忠诚而闻名于世。

他们的故事展现了勇气、忠诚和决心，因此被后人广泛传颂，成了一段段经典的传说。

比如吴国的刺客专诸为报公子光（即后来的吴王阖闾）的知遇之恩去刺杀吴王僚。他将鱼肠剑藏于烤鱼腹中，在献宴时刺杀了吴王僚，自己也被侍卫当场击杀。公子光由此夺取王位，成就霸业。

但相比之下，最为世人津津乐道的，还得是刺客荆轲，因为他代表了反秦的力量。下面特别讲讲他的故事。

荆轲，战国末期卫国朝歌（今河南省鹤壁市淇县）人，齐国大夫庆封的后代。

关于他，哪一年出生，长什么样子，如何习得一身武艺，历史上没有任何记载。

即便是一向以严谨著称的史学家司马迁，也没有把这几个问题弄清楚。

我们所能知道的是，他喜爱读书、击剑，为人更是慷慨仗义。

这么看，他似乎不像一个刺客，更像是一个行走江湖的侠客。

"路见不平一声吼，该出手时就出手"也许更适合他。

荆轲刚"出道"那会儿，秦国正在拉开统一六国的架势，因此东方六国都不太平。往往刚到一个地方，他就要马不停蹄地去另一个地方，可以说荆轲的前半生一直都在路上。

和一般人的游历不同，别人游历是为了看祖国山河、风土人情，而荆轲游历则是为了结交朋友。

命运很快安排荆轲跟秦王嬴政产生了神秘的联系。

几番游历过后，荆轲来到燕国。

还没熟悉地形、地貌，他就认识了当地的狗屠夫、擅长击筑的高渐离。两人有共同的爱好和话题，很快便结为知己。

在燕国的大街上，高渐离击筑，荆轲就和着节拍在街市上
唱歌，就像亲兄弟一样。

谁说音乐家
不能做屠夫了？

屠夫、音乐家，你
是怎么做到两者统
一的？

相比之下，荆轲为人更深沉稳重，很清楚自己要什么。

他很热衷于结识各种社会名流，静静地等待人生的机会。

燕国隐士田光慢慢熟悉了他。

田光看到荆轲勇猛、忠诚、冷静，决定将一个"超级大
单"介绍给他。

当时，在秦国做人质的燕太子丹，终于得以回到燕国。

作为有远见、有理想的燕国继承人，太子丹很清楚，秦王
嬴政接下来要做什么。

他问计于老师鞠武，而鞠武介绍的人就是田光。

田光告诉太子丹，如果早 20 年，自己可以去手刃嬴政，阻止秦国攻打燕国。

可是现在，自己已经年迈。

"不过我有一个朋友可以完成这个任务，他是我见过的最神勇的人。"

"谁？"

"荆轲！"

对于这个提议，荆轲一开始是拒绝的。

但太子丹长跪不起，让勇士的心都融化了。

荆轲同意刺杀方案的当天，就被太子丹拜为上卿，住进上等馆舍。

此后，太子丹每天都来问候，献上各种奇珍异宝。

他的目的只有一个，就是让荆轲高度满意。

一次，荆轲说"千里马肝美"，太子丹就杀马取肝，献给荆轲。

还有一次，太子丹与樊於期在华阳台举行酒宴，有美女弹

琴，荆轲说："好手也！"

太子丹二话没说，当即砍断美女的手，用玉盘呈给荆轲。

说起来，真的有点儿残忍。

不过，古代武士大多受不了这种礼遇。

荆轲被彻底折服，他对太子丹说："太子遇轲甚厚！"

一场惊天动地的刺杀大计，就此展开。

公元前 227 年，荆轲以燕国正使的身份，带着秦国仇人樊於期的首级，以及督亢（今河北易县、涿州、固安一带）地图前往秦国都城咸阳。

小知识：樊於期

> 战国末期人。本为秦将，后逃亡燕国。樊於期与嬴政是死对头。嬴政杀光了他的家人，为了得到樊於期的首级，不惜付出"金千斤，邑万家"的代价。

除了少数几人，再无人知道他们的目的是刺杀秦王嬴政。

出发前，燕太子丹、高渐离等许多人在易水边为荆轲送行，场面十分悲壮。

荆轲在告别时吟唱道："风萧萧兮易水寒，壮士一去兮不复还。"

不料实施刺杀计划的关键时刻，还是出事了。

面对威严的嬴政，一同执行任务的副使秦舞阳害怕了，他抖动的身体引起了嬴政的警觉。

荆轲自信地笑了笑，说："副使是北方藩属之地的粗野人，

没有见过天子，所以心惊胆战。希望大王不要在意。"

一句话，化解了尴尬又危险的气氛。

作为一流的刺客，荆轲的冷静确实令人惊叹。

荆轲交验樊於期的首级，献督亢地图时，图穷匕首见。

但荆轲几刺嬴政不中，被嬴政拔剑击成重伤，后为侍卫所杀。

面对荆轲的尸体，纵然是千古一帝的嬴政也默然良久。

帝王一怒，伏尸百万。

嬴政以荆轲行刺自己为由，火速派大将王翦攻打燕国，在易水将燕国联军打得落花流水。

此后，秦军一举攻克燕国都城蓟城（今北京西南部），燕王喜和太子丹仓皇出逃。

让人意外的是，燕王喜为了保全自己的性命，最终选择舍弃自己的儿子太子丹。

他派人杀了太子丹，并将其首级献给嬴政，想化解荆轲刺杀嬴政带来的灾难。

但嬴政的目标是统一六国，完成千古霸业，区区一个燕太子丹的人头，怎么会让秦国大军止步？

秦国大军继续追击，最终将燕王喜活捉，燕国也随之灭亡。

荆轲和太子丹的悲剧在于，他们并不知道，秦统一六国并非完全靠嬴政，即便刺杀成功也于事无补。

秦国靠的是历代君主多年改革而形成的制度，以及源源不断的人才。

秦吞并六国，一统天下，乃大势所趋。

★★ 脑洞大开 ★★

士为知己者死（227）

 高渐离

> 杀了一个嬴政，就不怕再出来一个更厉害的秦王？

 燕太子丹

> 想不了那么远，一想到他们要灭燕，我就气到不行！

 燕太子丹

 一句话小总结

　　燕太子丹把事情想得太简单，要杀一个人容易，但要改变历史的轨迹很难。

士为知己者死（227）

鞠武

要杀秦王，我不行，我推荐田光。

田光

要杀秦王，仅凭我也不行，我推荐荆轲。

荆轲

我推荐……

燕太子丹

壮士就别推辞了！

荆轲

此刻的我

燕太子丹

完成此任务者，是我燕国大恩人，以后在燕国有享不尽的荣华富贵，是世世代代的哦！

荆轲

……

122

一句话小总结

为了让荆轲接受任务，燕太子丹可是下了血本。

秦舞阳

@荆轲 忘了跟你说，我血压不稳定，有时候会哆嗦。😳😳😳

荆轲

这么大的事，为什么不早说?!

秦舞阳

没想到太子真的选中了我……

燕太子丹

出使名单已经呈报给秦国，此时换人会让他们生疑。

秦舞阳

你……

荆轲

没事没事，一切有我呢！🙂

Part 8

长城——"基建巨匠"成绩单

秦始皇 李斯 蒙恬 范喜良

秦始皇嬴政　秦孝公　秦庄襄王　华阳夫人　吕不韦　赵姬

 蒙恬　秦昭襄王　扶苏　胡亥　秦穆公　李斯

 嫪毐　韩非　秦孝文王　王翦　赵高　燕太子丹

 田光　高渐离　石虎　陈胜　吴广　鞠武

 秦舞阳　荆轲　赵王　楚王　匈奴王　+

查看更多群成员 >

群聊名称	哪个还敢多说话？ >
群二维码	>
群公告	>
备注	>
查找聊天内容	>
消息免打扰	

说起万里长城，很多人会不自觉地联想起秦始皇，其实是多个朝代接力建造的结果。

只是因为秦始皇太有名，堪称"中华顶流"，所以很多人误以为长城是他一人的杰作。

历史学家司马迁当年曾到长城采风。他说，长城让国防变得强大，但它导致当时的百姓积压了太多怨恨。而这种怨恨，大部分是针对秦始皇的。

长城为什么叫"长城"？

首先，它很长；其次，它是"城"。

不止一座城，实际上，它是由很多"城"组成的。

长城包含了关隘、城堡、墙体、烽燧（即烽火台）等要素。

因其复杂的设计，人们又将其定义为"古代巨型军事工业体系"。

既然都是"体系"了，可想而知，修筑长城一定极其耗费

国力。

据载，春秋时期的楚国，修筑了我国历史上最早的"长城"。

公元前689年，楚文王登上王位。品尝到权力滋味的他变得野心勃勃、无法无天。

他下的第一道军令是：把自己老师的故乡申国给消灭了。

灭掉申国后，楚文王又将魔爪伸向了邻居邓国。

经过十余年的经营，楚国渐渐控制了整个南阳盆地。

本着"我有敝甲欲以观中国之政"的思想，楚王派人在南阳天然的隘口间，修筑了"方城"，被认为是我国历史上最早的长城。

之所以称其为"方城"，因为这种墙不是单纯的城墙，而是由山险和边墙共同组成的不连续的防线的代称。

战国后期以人工墙体为主的连续性边墙防线则被称为长城。

又过了很多年，后来的春秋五霸之首齐桓公欲攻击楚国。

楚国使者屈完前往齐军大营，面对骄傲的齐桓公，他不卑不亢地说："我们楚国'方城以为城，汉水以为池'，你的人虽然多，但真的能攻进去吗？"

春秋战国时期，兵车还是当时各国军队的主力。

按照惯例，每乘车配置甲士 10 人，这势必不机动，一道简单的城墙，便能轻易挡住战车。

楚国有方城，这也是屈完不卑不亢的底气。

后来，很多国家也想有这种底气，纷纷"学习楚国，成为楚国，超越楚国"。

齐桓公死后，齐国不再是霸主，为防止别人欺负自己，齐桓公的继任者借鉴楚国的经验，也修筑起了自己的长城"巨防"（因最早的齐长城源自堤防工程，故有此名）。

连一个叫"中山"的小国，也修起了长城。

他们满打满算，一共修筑了区区 89 千米的长城，故这段

麻雀虽小，也有肉。

你们别修长城了，就那么大点地儿！

长城又被称作"战国短长城"。

但就是这么一个孱弱的国家，靠着这不到 100 千米的防线，也曾攻赵伐燕。

在春秋战国时期，顽强的中山国创造了一个个军事奇迹。

春秋末年，骑兵开始出现。相比于笨重的兵车，这一兵种更加经济实惠，机动性更强，战斗力也更大。

后来，中原那些有见识的君王，譬如赵国的赵武灵王，由于充分认识到骑兵的威力，不惜废弃"祖宗之法"，也要大规模发展骑兵。

到了赵武灵王的儿子执政时，终于灭掉了有长城可以依靠的中山国。

长城的神话开始崩塌。

战国时代，与西北少数民族直接对抗的，是秦国。

实际上，这个国家就是在与西戎的战争中成长起来的。

秦国与西戎斗争的方式，可以简单归结为三点：外交手段（请客）、军事征服（斩首）、分化瓦解（收降）。

这三招玩得最溜的，当数秦宣太后芈氏。

她与秦国北方的邻居义渠国国王私通，后以诈计杀之，起

兵灭了整个义渠。

解决掉一个义渠，又出来一个匈奴。

为了逐鹿中原，同时防止后院失火，芈氏的儿子秦昭襄王索性也修起了长城。

《史记·匈奴列传》有云："于是秦有陇西、北地、上郡，筑长城以拒胡。"

由于争霸天下，秦国战事不断，这段长城修修补补，好在得以顺利竣工。

公元前 221 年，雄才大略的嬴政统一六国，建立起中国历史上首个统一的中央集权制王朝。

他想打造一个铁桶般的江山，不允许有任何一丝风吹草动威胁自己的统治。

不巧的是，就在秦始皇巡游天下，将要返回国都的当口，一个书生来到他的身边，进献了一本书。

在那本书中，记录着一个惊天的预言——

"亡秦者胡也。"

秦始皇误以为，该句中的"胡"，指的是胡人，也就是匈奴。

于是，他决定出手镇压那股势力。

公元前215年，秦始皇派出有"中华第一勇士"之称的大将蒙恬，统兵30万北击胡人。

蒙恬不负所望，将匈奴人逐出河套，赶到阴山以北，并且沿黄河设34县。

但秦始皇觉得，这还远远不够。

他大手一挥，征用70万劳工，在六国旧有长城的基础上，修筑起新的长城。

秦始皇，不愧是两千多年前的"基建巨匠"。

由于长城需要在各种复杂地形中穿越，如山区、沙漠、峡谷等，工作环境极为艰苦恶劣。加之当时的工艺和机械设备相

小知识：蒙恬

> 蒙恬（？—公元前 210 年），秦朝著名将领，出身于世代名将之家，祖父蒙骜、父亲蒙武均为秦国名将。蒙恬以军事才能和政治智慧著称，曾率军攻破齐国，后北击匈奴，收复河套地区，修筑万里长城，巩固秦朝北疆，被誉为"中华第一勇士"，对中国西北的开发和民族融合有重大贡献。秦始皇去世后，因政治斗争被迫自杀。

对简陋，修筑长城成为一项艰巨任务。

据史书记载，修筑长城的过程中，大量工匠和士兵因疲劳过度或疾病而死亡。

中国民间四大爱情故事之一的"孟姜女哭长城"，据说是反映那段历史的。

传说秦始皇征调的民夫里，就包括孟姜女的丈夫范喜良。

新婚当天范喜良就被迫出发修筑长城，不久因饥寒劳累而死，尸骨被埋在长城下。

孟姜女日夜思念丈夫，终于来到长城脚下，没想到却得知丈夫的死讯。她心如刀绞，决定亲自到埋葬丈夫的长城，寻找丈夫的尸骨，可是什么都没有找到。

想到丈夫的悲惨一生，孟姜女悲痛欲绝，她痛哭了三天三夜，哭得日月无光、天昏地暗、秋风悲号、海水扬波。

突然一声巨响，一大段长城崩塌了，露出了一堆堆人骨头。

孟姜女以至诚的执着，找到了丈夫的尸骸，她深感绝望，投海而亡。

后来这个故事长传不衰，还被改编成多种艺术形式进行演绎，如戏曲、电影、电视剧等。

这个故事反映的是普通百姓对不公和苦难的抗争，对权力

压迫的不屈反抗。

　　秦始皇建立的帝国，是史无前例的；他修筑的长城规模，也必然是前所未有的。

　　这座长城西起临洮（今甘肃岷县），东至辽东，俗称"万里长城"。

　　后来者（主要是汉代和明代统治者）又加修长城，令长城的总长度超过 2.1 万千米。

　　它横跨中国的北部，主要分布在河北、北京、天津、山西等 15 个省、自治区、直辖市。

如果把长城的砖石土筑成一道 1 米厚、5 米高的墙，那么它足以环绕地球一周。

它不仅是中华民族坚贞不屈精神的象征，同时也是古代建筑技艺的瑰宝。

长城是一个成体系的巨大工程，秦始皇在长城沿线设郡县、修直道、筑要塞。

从此之后，"胡人不敢南下而牧马"，秦朝的北方边境安全得到了维护。

俗话说得好，"堡垒是从内部被打破的"，秦始皇防得了外人，却防不住"家贼"，更防不了自己昏庸的后代。

他的所有举措，他的永葆"子孙帝王万世之业"的梦想，他建立起来的强大帝国，随着他的去世，也轰然崩塌。

输赢荣辱都做了土，只有巍峨的万里长城还静静矗立着，诉说着那段历史。

★★ 脑洞大开 ★★

哪个还敢多说话？(215)

秦始皇嬴政

> 北方的匈奴那么凶，怎么应对？

 李斯

> 一靠打，二靠隔。

秦始皇嬴政

> 朕知道打的事，隔的意思是？

 李斯

> 将原有的秦、赵、燕长城连接起来，使其变得更坚固。

 蒙恬

> 此计甚好！都说匈奴的马快，这次看他们怎么快！

 匈奴王

还有这种操作

一句话小总结

修长城的本意是在冷兵器时代加强国防。

哪个还敢多说话？（215）

 李斯

民间对大量征夫修长城意见很大。

秦始皇嬴政

你们要做好解释工作，修长城也是为了保护大家。

 李斯

很多人说，还没看到匈奴的战马，就先累死了……

秦始皇嬴政

真是妖言惑众，给朕多抓点儿人，判得重一点儿！

秦始皇嬴政

看谁还敢胡说八道！

 李斯

如此下去，恐发生民变！

138

秦始皇嬴政

大秦是朕的大秦，朕说了算！

李斯

**这种情况下
我只能哦了**

 一句话小总结

修陵墓和修长城，征用了大量民夫，后来这成了秦二世而亡的重要原因之一。

-------------------- 孟姜女和范喜良私聊 --------------------

孟姜女

老公，新婚当天你就被抓去当壮丁，我的命怎么这么苦啊！

孟姜女

我太难了

范喜良

这是什么字？乍一看像是"囍"，仔细一看是四个"苦"。

范喜良

坚强一点儿，等我回来！

 孟姜女

听说去修长城，能活着回来的十中无一。

范喜良

那我就做那个"一"。

范喜良

卑微但倔强

 孟姜女

 一句话小总结

修长城使无数人妻离子散、家破人亡。

140

Part 9

始皇之死

扶苏

胡亥

李斯

赵高

秦始皇嬴政
 秦孝公
 秦庄襄王
 华阳夫人
 吕不韦
 赵姬

 蒙恬
 秦昭襄王
 扶苏
 胡亥
 秦穆公
 李斯

 嫪毐
 韩非
 秦孝文王
 王翦
 赵高
 燕太子丹

 田光
 高渐离
 石虎
 陈胜
 吴广
 鞠武

 秦舞阳
 荆轲
 赵王
 楚王
 匈奴王

查看更多群成员 >

群聊名称　　　　　　　　　　朕还想再活 500 年 >

群二维码　　　　　　　　　　　　　　　　>

群公告　　　　　　　　　　　　　　　　　>

备注　　　　　　　　　　　　　　　　　　>

查找聊天内容　　　　　　　　　　　　　　>

消息免打扰

公元前 210 年，一个天寒地冻的日子。

尽管天空中飘着鹅毛大雪，但这并没有熄灭秦始皇心中那股燃烧的热情。

这位统一六国、开创中国历史上首个封建王朝的帝王，决定以一种前所未有的方式告别这个世界——举行一场规模空前的"帝国告别巡演"。

其实，之前的出巡还有四次，秦始皇表现得非常随性。他不仅要求全国每个县城之间都要修建驰道，以利通行。结果

全天下的道路，以咸阳为中心，形成了类似"棋盘"的辐射网络。

在出巡中，秦始皇还做了很多匪夷所思的事情。

有一次，他在登泰山的时候，忽然天降大雨，刚好有一棵大树可以避雨。

后来秦始皇封那棵树为"五大夫"（这是秦朝二十等级爵位中的第九级）。

还有一次，他路过彭城，希望从泗水中将周鼎打捞上来，当即有上千名潜水员被动员，但最终没能找到。

在长江，他想去洞庭湖的君山（古称湘山）祭拜，遇风浪差点翻船，以为是神仙拦路，一气之下命令3000名刑徒将湘山上的树木全部砍光，用这种方式羞辱"湘山神"。

后面的几次，相对集中的主题是寻找长生药，以及北伐匈奴。

这场"巡演"，可谓极尽奢华与荒诞。

秦始皇动员了数以万计的工匠、艺人、士兵，以及宫廷内的乐师、舞者，组成了一支庞大的队伍。

他们的目标很明确：让秦始皇的"告别巡演"成为后世传

颂的千古佳话。

随着一声令下，"巡演"的大幕正式拉开。

秦始皇换上了特制的金色龙袍、头戴玉冠、腰挂宝剑，整个人散发出一种威严而又神秘的气质。

他的座驾，是一辆由 6 匹马拉着的金根车。

每当车辆驶过，都会留下一道璀璨夺目的光芒，让围观的人群惊叹不已。

"巡演"的第一站是咸阳宫。

在这里，秦始皇欣赏了一场盛大的宫廷"音乐会"。

乐师演奏着激昂的乐曲，舞者身着华丽的舞裙，翩翩起舞。

他们的表演精彩绝伦，仿佛将整个宫殿都点亮了。

秦始皇看得津津有味，不时鼓掌叫好。

接下来，"巡演"的队伍来到了函谷关。

这里地势险要，是通往中原的咽喉要道。

秦始皇站在城楼之上，俯瞰着脚下的万里江山，心中豪情万丈。

他决定在这里举行一场盛大的"阅兵仪式"，展示自己无与伦比的军事实力。

数万名士兵列阵整齐，气势如虹。

他们高喊着口号，迈着整齐的步伐，从城楼下走过。

秦始皇检阅着这支威武之师，脸上露出了满意的笑容。

离开函谷关后，"巡演"队伍继续前行。

他们穿越了山川河流，走过了草原森林，每到一个地方都会举行盛大的庆祝活动。

秦始皇与民同乐，品尝着各地的美味佳肴，欣赏着各种民间艺术表演。

他还特意邀请了当地的一些贤士名流共襄盛举，与他们畅谈天下大事。

这些活动不仅让秦始皇感受到了民间的热情与活力，也让他更加坚信自己的统治是顺应天意的。

然而，这场"巡演"并非一帆风顺。

在钱塘江边时，秦始皇突发奇想，要与当地的渔夫进行划船比赛。

他的巨型龙舟虽然华丽无比、装饰精美，但比赛时却显得笨拙不堪。

而渔夫们驾驶的小船则轻盈灵活、速度飞快。

结果可想而知，秦始皇的巨型龙舟被渔夫们的小船轻松地超越了。

这意料之外的失败让秦始皇颇感尴尬，但他还是向渔夫们表示了祝贺。

在"巡演"的过程中，秦始皇还尝试了其他许多荒诞的事情。

比如，他曾巡游海上，亲自射杀巨鱼，以展示自己的勇

武；他还曾收集天下兵器，铸成十二座金人，以展示其统一六国后的权威。

尽管这场"巡演"充满了荒诞与奢华，但秦始皇却乐在其中。

他也许希望通过这种方式来告别这个世界，让自己的生命在最后的时刻，绽放出最耀眼的光芒。

从上面这些故事中可以看出，秦始皇本来在内政、外交、军事上很有天赋，但在天下一统后，他变得刚愎自用。

命运并没有按照他的意愿发展。

在"巡演"接近尾声的时候，秦始皇突然病倒了。

他的病情迅速恶化，生命垂危。

当时他刚渡过黄河，在抵达平原津（今山东省德州市附近）的时候，再也坚持不下去了，最后他的生命在沙丘宫（今河北省邢台市广宗县）走到了尽头。

此前有人来报，说东郡发现一块陨石，上面写有"始皇死而地分"的字样。

秦始皇派人去调查是谁干的，但没有找到。

最后就把陨石坠落地区的居民全部抓起来处死。

在病榻之上，秦始皇回望自己曾经的辉煌与荣耀，心中充

满了感慨与不甘。

他明白，无论自己拥有多么至高无上的权力和无以伦比的财富，最终都逃不过生老病死的自然规律。

在生命的最后一刻，秦始皇向李斯密授了自己的遗愿：将皇位传给长子扶苏。

他希望通过这种方式，来确保自己辛苦打下的江山传承下去。

没想到在秦始皇死后，为了确保胡亥顺利登基，权臣赵高与李斯严密封锁了秦始皇驾崩的消息，当时天气炎热，他的尸体腐烂发出臭味，赵高让人将几筐死鱼放入马车，以掩人耳目。

赵高原是嬴姓赵氏的远支宗族成员，精通法律，为人勤奋。

赵高后被提拔为中车府令，负责掌管皇帝的车舆，再后来成了胡亥的家庭教师。

这个人，有心眼。

他伙同李斯篡改了遗诏，将皇位传给了年幼无知的胡亥（据说是秦始皇最蠢的儿子）。

而本该继位的扶苏（秦始皇最出色的儿子），收到自裁的伪诏后，在上郡自杀。

紧接着，赵高大玩权势，行事更加残忍。

在他的主导下，秦始皇的诸多儿子和女儿都被处死。

如果扶苏顺利继承皇位，结局是否会改变呢？秦始皇到底有没有后悔让扶苏去边塞呢？我们不妨大胆猜测一下。

赵高很有野心，后来还设计将李斯腰斩。

从此，他在政坛上再无对手。

他的野心继续膨胀，甚至开始密谋篡权。

那期间，他导演了一场"指鹿为马"的闹剧。

小知识：指鹿为马

赵高想要叛乱，害怕群臣不从，就预先设下计谋试探。他牵出一只鹿献给秦二世，说："这是一匹马。"秦二世笑着说："丞相错了吧？把鹿说成马。"赵高问左右大臣，左右大臣有的缄默不语，有的说是马，来阿谀迎合赵高。有的说是鹿，赵高于是就给那些人"上眼药"。从这以后，大臣们都很惧怕赵高。

赵高的种种罪恶行径，引起了大臣们的不满和反抗。

在刘邦率领起义军入关后，赵高逼秦二世自杀，以推卸亡国之责。

当时接班的是秦二世的侄子子婴，他与宦官韩谈父子设计杀掉了赵高，并诛灭其三族。

本来就坐在"火山口"上，又出了这样的内乱，秦朝不亡都说不过去。

因秦始皇的暴政，老百姓早就喘不过气来。

　　繁重的徭役、沉重的赋税、严酷的刑法，哪一个不让人头疼不已？

　　而秦二世为了证明自己继承人的身份，继续实行其父皇的各项政策，甚至更加严酷。

　　终于有人受不了了，站出来大喊一声："王侯将相，宁有种乎？"

　　说这话的人，叫陈胜。

　　他雇农出身，"少时长与人佣耕"，但有志向。

　　说起那次起义的导火索，有点儿戏剧性。

　　陈胜、吴广等人被征发到渔阳戍边，结果路上遇到了大

雨，耽误了行程。

按照秦朝的法律，误期可是要砍头的啊！

这下他们可急了，心想："这可怎么办？难道我们就这样等死吗？"

于是，一不做二不休，他们决定起义！

起义军推举陈胜为王、吴广为都尉，然后就开始攻打各地的城池。

别说，他们还挺厉害的。

没过多久就攻下了蕲县，还建立了"张楚"政权。

这时候，起义军已经有好几十万人了，声势浩大，吓得秦二世瑟瑟发抖。

不过，陈胜这个人得了势，就有点儿飘飘然了。

结果秦将章邯率军来镇压，起义军一下子就垮了。

从兴起到灭亡，仅仅半年。

这可真是应了那句话，"骄兵必败"。

虽然陈胜、吴广的起义失败了，但它却像一颗火种，点燃了全国各地反秦的烈焰。

项羽、刘邦等人纷纷站出来领导起义军，跟秦朝政府干上了。

最后，刘邦领导的起义军攻破了咸阳，秦二世胡亥被赵高逼迫自杀。子婴被立为秦王，并最终选择投降，秦朝的统治被彻底推翻，秦朝灭亡。

秦末农民起义，给我们留下了不少启示。

就像贾谊在千古名篇《过秦论》里总结的那样："仁义不施而攻守之势异也。"

秦朝极致辉煌又迅速崩溃的故事，告诉我们：压迫者终将被反抗者推翻，人民群众的力量是无穷的。

★★ 脑洞大开 ★★

朕还想再活500年（210）

秦始皇嬴政

@ 扶苏 跟着蒙将军在塞北好好历练。

 扶苏

儿臣想待在咸阳照顾父皇。

秦始皇嬴政

但你在朝堂上大肆非议，这个塞北
你必须去。

 扶苏

那儿臣先去，父皇有任何吩咐可派人急传。

秦始皇嬴政

朕内心早有打算！

秦始皇嬴政

铁了心地爱你

156

一句话小总结

秦始皇派扶苏去边疆，更多的是为了锻炼，而非疏远他。

---- 李斯和赵高私聊 ----

李斯

> 我们私改诏书，这不妥吧?

 赵高

> 如果真的由扶苏接班，他还会重用你吗?

李斯

> 可能不会……

 赵高

> 不是可能不会，是肯定不会，蒙恬一定会取代你的。

李斯

正义的凝视

赵高

> 别搞道德绑架，你就说想不想继续富贵？

李斯

> 我需要时间好好考虑一下。

赵高

> 给你三秒钟时间考虑：1，2，3。

李斯

> 好吧，我听你的！

一句话小总结

李斯之所以会被赵高威逼利诱，是因为他害怕失去拥有的权力和富贵。

------------------------- 陈胜和吴广私聊 -------------------------

吴广

> 真的决定了？

陈胜

> 真的决定了。

吴广

> 确定？

陈胜

确定。

吴广

一旦起义失败，那可是要掉脑袋的呀！

陈胜

现在的情况，比掉脑袋也强不了多少。

吴广

想好退路了吗？

陈胜

你有完没完？

吴广

我只是确认一下。

陈胜

天下苦秦久矣，此时不反，更待何时？

吴广

老哥，稳

Part **10**

笑出腹肌的千年 "大坑"

秦始皇

吕不韦

胡亥

赵高

秦始皇嬴政
 秦孝公
 秦庄襄王
 华阳夫人
 吕不韦
 赵姬

 蒙恬
秦昭襄王
 扶苏
 胡亥
 秦穆公
 李斯

 嫪毐
韩非
 秦孝文王
王翦
 赵高
 燕太子丹

 田光
 高渐离
石虎
陈胜
 吴广
 鞠武

 秦舞阳
 荆轲
 赵王
楚王
 匈奴王

查看更多群成员 >

群聊名称	那个永远的家 >
群二维码	>
群公告	>
备注	>
查找聊天内容	>
消息免打扰	

秦始皇陵、秦长城、阿房宫，被称为嬴政的三大弊政。

唐代大诗人王维，就曾写诗讽刺秦始皇陵：

古墓成苍岭，幽宫象紫台。星辰七曜隔，河汉九泉开。

有海人宁渡，无春雁不回。更闻松韵切，疑是大夫哀。

——《过始皇墓》

王维的意思是，人走了就走了，滥用民力、修那么大的陵墓干啥？

秦朝以前，还没有在墓地祭祀的传统。但后来有了"事死如事生"的观念，所以在墓地里设计了日常生活的场景。

秦始皇陵将这一观念体现到了极致。

当年的嬴政，一方面想长生不老，四处求长生不死药（为此疯狂砸钱）；另一方面大张旗鼓地修陵墓，而且是空前的超级大陵墓。

事实上，在他即位才一年的时候，就开始修建自己"永

生"的住所。

嬴政一挥手，几十万民夫"光荣"地踏上了挖坟之旅。

秦始皇陵的修建过程，简直就像一部史诗级的大片，让人看得热血沸腾。

这皇陵，可不是随便挖个坑那么简单，得有内外城垣、封土、地宫，还得有兵马俑助阵。

想象一下，那时候的工地上，有成千上万的刑徒和民夫，穿着粗布衣裳，每天挥汗如雨。

他们有的挖土，有的运石，有的打磨，有的砌砖，就像一群群勤劳的小蚂蚁，在建造一个庞大的地下王国。

秦始皇在咸阳城内不时地听取大臣们汇报建造进度。

他每次听到工程进展，都会催促道："快点！再快点！朕要看到一座前所未有的陵墓！"

一听这话，民夫们就像打了"鸡血"一样，更加卖力地忙碌起来。

他们挖出的土堆成了一座座小山，运来的石料堆成了一片片石林。

整个工地烟尘滚滚、人声鼎沸，简直就像一个巨大的建筑机器，不停地轰鸣。

不过，建设陵墓可不是闹着玩儿的。排水问题得先搞定，不然地宫变成水帘洞可就惨了。

工人们挖呀挖，终于挖出了一条深不见底的排水渠。

这条渠就像一条巨龙，蜿蜒曲折地穿过整个陵墓，把地下水都排了出去。

接下来，就是建造地宫了。

这可得小心翼翼，毕竟这可是给秦始皇驾崩后当"家"的地方。

民夫们先铺上一层厚厚的青膏泥，就像给地板抹上一层厚厚的"防水霜"。

然后再夯土压实，铺上砖石，比现在的摩天大楼的地基还要结实。

地基打好了，接下来就是盖房子了。

这么浩大的工程，可不是光有"土"和"石"就能搞定的，还需要大量的木材、煤炭、陶瓷、金属等各种材料。

据华裔物理学家丁肇中先生的推测，秦陵地宫的深度可能在 500 米至 1500 米之间。

另有一些观点认为，秦陵地宫坑口至底部的实际深度约为 26 米，至秦陵地表最深约为 37 米。

在陵墓修建过程中，发生过一些诡异的事情。

有的民夫突然消失得无影无踪，有的则患上各种奇怪的疾病。

还有人说，陵墓里经常出现奇怪的声音和光影，这让人毛骨悚然。

总之，它给人一种"生人勿近"的警告。

但这吓不走那些胆大的家伙。

"投入使用"后，这座充满传奇色彩的帝王陵寝，引来一拨拨的"盗墓团伙"。

对这个"香饽饽"，他们想一探究竟，可最后大都空手而归。

当年项羽一入关就抡起铁锹，带着30万大军直奔秦始皇陵（好在只挖了些边边角角）。

五胡乱华时期，后赵石虎也来凑热闹，由于技术条件有限，只挖了些铜器。

这座巨大的陵墓，虽历经多次盗掘，但主体的地宫部分却奇迹般地保存了下来。

贪婪的盗墓者，最终都没能得逞，有的还搭上了性命。

看来，这个著名的"大坑"，还真是一个"坑人"的地方。

1974 年，秦始皇陵被偶然发现后，考古工作正式开始。

随着考古工作的深入，秦始皇陵出土的"宝藏"越来越多。

陪葬墓、青铜剑、石质铠甲……简直就是"秦朝版"的大超市。

说到工艺水平，就不得不提那些栩栩如生的兵马俑了。

小知识：兵马俑

兵马俑，又称秦始皇兵马俑，位于陕西省西安市临潼区秦始皇陵的陪葬坑内。兵马俑坑是地下坑道式的土木结构建筑，其中包含了数千名与真人、真马大小相似的陶俑和陶马。

兵马俑不仅数量众多，而且每一个都精雕细琢，仿佛随时都能听从号令、奔赴战场。

它们的出土情况、排列方式等，为我们了解秦朝的军事制度、军队编制等提供了重要线索。

当然，秦始皇陵的价值远不止于此。

它还是中国古代建筑艺术的瑰宝，整个陵墓的布局、建筑风格都充满了艺术感和设计感。

同时，陵墓内的各种文物也是研究秦朝文化、艺术、科技等的宝贵资料。

这座巨墓，简直是一部"秦朝活字典"。

秦始皇在他的陵墓里，一睡就是几千年。

其间经历了风吹雨打、战乱纷争。

但神奇的是，它居然都挺过来了。

秦始皇与他的陵墓的故事，历来长传不衰。

近几十年，随着一系列考古发现，秦始皇陵更加引人关注。

挖掘与考古，本身就是一幕大戏，要赔着小心的大戏。

考古学家们细致地挖掘着，结果挖出了一个个栩栩如生的陶俑。

因为技术条件不支持，没有进行规模化挖掘，所以还有很多未知。毕竟，谁也不想让这些宝贝在咱们手里"毁容"。

通过对秦始皇陵的研究，我们能了解到秦朝的政治、军事、文化、艺术等方方面面的知识。

它就像一部巨大的历史百科全书，每一页都充满了惊奇和趣味。

比如那些兵马俑，展示了秦朝初期的军事制度；陶俑的细节则反映了当时的审美观念。

看着那些栩栩如生的陶俑，你仿佛能听到它们在说："看我们多威风，想当年跟着秦始皇南征北战，那叫一个风光！"

如今，秦始皇陵已经成了旅游胜地，吸引着成千上万的游

客前来参观。

人们在欣赏那些千年古迹时，会不禁感叹历史的沧桑和人类的智慧。

话说回来，保护这些文化遗产也是我们每个人的责任。

如果你有机会去秦始皇陵参观，别忘了带上敬意和笑容。

除了规模宏大、设计完善，秦始皇陵还有许多神秘的传说。

一是陵墓飞出金雁。据《三辅故事》记载，楚霸王项羽入

172

关盗掘秦陵时，突然有一只金雁从墓中飞出，朝南飞去。

二是棺材上雕刻的龙会动。有盗墓者描述，他看到了七星棺木，棺木表面刻满了龙，都在张牙舞爪地扭动。

三是有传说称，楚霸王项羽最后死于兵马俑之手。当年项羽火烧俑坑，兵俑跳出来与他的部下搏斗，这些兵俑受伤后还大量流血。

四是传说在秦始皇陵的入口处有两只巨大的石雕神兽——麒麟和貔貅。还有人称秦始皇在陵墓中下了诅咒，任何打扰他安息的人都会受到惩罚。

五是有传说称秦始皇将找到的长生不老药带入了陵墓。

六是藏宝洞与龙脉之谜。据说在秦始皇陵的深处有一个藏

宝洞，里面藏着秦始皇最珍视的宝藏。同时还有传说称皇陵所在地是块风水宝地，具有神奇的自我保护能力。

上面的传说，可能会有些离谱。

相比之下，关于水银和秦始皇遗体的想象，更加真实可感。

关于秦陵地宫内是否埋有水银的问题，《史记》中曾有"以水银为百川江河大海"的记载。

尽管有科学家通过采样测试，发现秦始皇陵封土土壤中的汞异常，但这仍然不足以揭示地宫内是否埋有水银的全部真相。

最后，还有关于秦始皇遗体是否保存完好的猜想。

有人认为，在如此精密且复杂的陵墓中，秦始皇遗体有可能得到了妥善的保护，甚至可能至今仍然保存完好。

未来的某一天，如果我们能一睹秦始皇真容，那真是一件奇妙的事情。

★★ 脑洞大开 ★★

那个永远的家 (74)

秦王嬴政

为什么一登基就要修自己的墓?

 吕不韦

现在你还小，以后你会明白，人都会死。

秦王嬴政

如果一个人顺应天命，做了很伟大的事情呢?

 吕不韦

那也得死。

秦王嬴政

我有点儿不信。

 吕不韦

可笑至极

176

一句话小总结

在秦始皇看来，死亡是可能有例外的。

那个永远的家（74）

胡亥

那些建陵墓的民夫怎么处理？

赵高

难道你想放他们回家？

胡亥

难道不应该那样吗？

赵高

必须全部杀掉，他们知道得太多了。

胡亥

那父皇的那些妃子呢？

赵高

没有生育孩子的，一律殉葬。

 胡亥

还得是你

 赵高

难道你想放她们回家？

 胡亥

那岂不是冤魂遍地？大家都不敢去帝陵了。

 赵高

那样不是正好？

 一句话小总结

胡亥的很多政策都源于赵高。

-------------------- 士兵甲和士兵乙误入此群 --------------------

那个永远的家（76）

 石虎

快给我挖，火速找到秦始皇的陵墓！

178

士兵甲

挖了几个月，一点儿头绪都没有。

石虎

我不管你们用什么办法，赶紧的！

士兵乙

不是找到一些文物了吗？

石虎

就那些破铜钱？塞牙缝都不够！

士兵甲

我们可是专业打仗的，不是盗墓的。

石虎

你离挨揍就差
这么点儿了

 一句话小总结

几千年来，秦始皇陵一直是一些贪婪之人觊觎的目标。

179